I0458285

LA GUÍA DEFINITIVA DE EDUCACIÓN FINANCIERA PARA NIÑOS

DOMINA LAS HABILIDADES MONETARIAS CON FORMAS DIVERTIDAS E INTERACTIVAS DE AHORRAR, PRESUPUESTAR, GASTAR SABIAMENTE E INVERTIR CON CONFIANZA

MONEY MENTOR PUBLICATIONS

ÍNDICE

INTRODUCCIÓN

Muy bien, amigos, ¡acérquense! Les contaré una historia sobre Alex. Alex llevaba una eternidad ahorrando las pagas que recibía y el dinero de su cumpleaños, con la vista puesta en un dron teledirigido supercool, casi mágico. Pero entonces, de la nada, un nuevo y reluciente videojuego llamó la atención de Alex, amenazando con echar por tierra todos esos meses de ahorro. La lucha era real: ahorrar o gastar, ésa era la cuestión. ¿Te suena? Sí, todos hemos estado ahí, atrapados en un verdadero enigma financiero.

Aquí es donde entro yo. Estoy increíblemente emocionado por enseñarte todos los entresijos del manejo del dinero. ¿Por qué? Porque dominar tus verdes (¡el dinero, no las verduras!) desde una edad temprana es como tener un superpoder. Mi misión, si decides aceptarla, es hacer que el laberinto de los asuntos monetarios no sólo sea sencillo, sino superdivertido de navegar.

Este libro no es una guía común y corriente de educación financiera. No, es tu billete dorado para convertirte en un genio del dinero. Nos embarcaremos en una aventura épica a través de situaciones reales y actividades que te harán pensar al final de cada capítulo. Lo cubriremos todo, desde los fundamentos del presupuesto, los secretos del ahorro y los entresijos de la inversión, hasta las maravillas del gasto inteligente. ¿Y lo mejor? ¡Va a ser divertidísimo!

Ahora bien, antes de sumergirnos de cabeza en esta fiesta financiera, permíteme que comparta contigo un pequeño secreto. Hubo un tiempo en que a mí también me desconcertaban los dólares y los céntimos. Me costó un puñado de errores y un montón de lecciones llegar a donde estoy hoy, financieramente independiente y capaz de comprar las cosas que necesito y quiero. Así que créeme cuando te digo que lo entiendo. Y por eso exactamente estoy aquí, dispuesto a guiarte por los vericuetos de la gestión del dinero.

Mientras viajamos juntos a través de las páginas de este libro, te animo a que te lances a las actividades, reflexiones sobre los debates y tengas uno o dos momentos de descubrimiento. ¿Qué te parece? ¿Preparado para descifrar el código del dinero, vencer tus miedos financieros y divertirte un poco por el camino? ¡Hagámoslo!

CAPÍTULO 1
CUESTIONES DE DINERO

¿Te has planteado alguna vez que cada vez que sacas la alcancía o la billetera, no estás simplemente tomando dinero, sino que tienes en tus manos la llave del mundo? Sí, has oído bien. El dinero no es sólo papel y metal. Es un billete a la aventura, un puente a los sueños y, a veces, un rompecabezas. En este capítulo, amigos míos, descifraremos el código de por qué el dinero hace girar el mundo y por qué comprender sus poderes puede convertirte en un mago por derecho propio.

1.1 POR QUÉ IMPORTA EL DINERO: COMPRENDER SU PAPEL

Empecemos con una pregunta sencilla: ¿qué es el dinero? A primera vista, puede parecer sólo trozos de papel o unas monedas que tintinean en tu bolsillo. Pero es mucho más. El dinero es una herramienta realmente poderosa que los humanos inventaron para resolver algunos quebraderos de cabeza bastante grandes. Imagina que intentas cambiar tu monopatín por un nuevo videojuego. ¿Cómo decidirías si es un intercambio justo? ¿Y si la persona que tiene el videojuego no quiere un monopatín? Aquí es donde entra el dinero, la solución superheroica a estos dilemas.

Medio de intercambio

El primer superpoder del dinero es su papel como medio de intercambio. Esto significa que puede intercambiarse por bienes y servicios. Sin dinero, estaríamos atrapados en un sistema de trueque. Esto significa que tendríamos que intercambiar algo que tenemos para obtener algo a cambio. Imagina que intentas comprar un chocolate intercambiando calcetines. Suena complicado, ¿verdad? El dinero simplifica este proceso. Es universalmente aceptado, así que no tienes que encontrar a alguien que quiera tu objeto específico para intercambiarlo. En lugar de eso, entregas algo de dinero y voilà, ese chocolate es tuyo. Este sistema funciona porque todo el mundo está de acuerdo en que el dinero tiene valor, lo que hace que comprar y vender sea facilísimo.

Valor futuro

Lo siguiente es el papel del dinero como depósito de valor. Esto significa que puedes ahorrarlo ahora y gastarlo después, y seguirá manteniendo su valor. Imagina que entierras un cofre lleno de juguetes. Con el tiempo, esos juguetes podrían estropearse o perder su atractivo. El dinero, en cambio, mantiene su valor a lo largo del tiempo, lo que te permite planificar el futuro. Tanto si estás ahorrando para comprarte una bicicleta nueva como si estás guardando el dinero del cumpleaños para algo más grande, la capacidad del dinero de conservar su valor con el paso del tiempo hace posible alcanzar metas mayores.

Unidad de cuenta

El dinero también actúa como unidad de cuenta. Es una forma elegante de decir que nos ayuda a medir el valor de cosas diferentes de forma coherente. Por ejemplo, ¿cómo decidir si un videojuego vale más que una entrada de cine? El dinero nos permite comparar ambas cosas asignando un precio a cada una. Es como tener una vara de medir universal para el valor, lo que facilita que todo el mundo entienda cuánto valen las cosas. Esto no sólo facilita las compras, sino que también ayuda a las empresas a fijar precios y llevar un control de sus finanzas.

Norma de pago aplazado

Por último, el dinero sirve como norma de pago aplazado. Suena complejo, pero no es más que una forma de decir que el dinero te permite comprar cosas ahora y pagarlas más tarde. ¿Has oído hablar de la tarjeta de crédito? Es una herramienta que te permite hacer exactamente eso. Puedes comprar algo hoy, y en lugar de pagar con efectivo en el acto, te comprometes a devolver el dinero al banco en el futuro. Este concepto es crucial para las grandes compras, como una casa o un coche, donde pagar todo de una vez puede no ser posible. Todo es cuestión de confianza: el vendedor confía en que el dinero mantendrá su valor a lo largo del tiempo, y tú obtienes la flexibilidad de gestionar tus finanzas durante un periodo más largo.

Así que ahí lo tienes. El dinero no es sólo trozos de papel y metal. Es un elemento clave en nuestra vida cotidiana, que facilita las transacciones, nos permite ahorrar para el futuro, mantiene un registro del valor y permite realizar pagos en el futuro. Sus funciones son cruciales no sólo en las finanzas personales, sino también en la economía mundial. Comprender estas funciones te proporciona una base sólida para desarrollar tus conocimientos financieros, convirtiéndote en un ahorrador inteligente, un gastador sensato y un maestro del dinero en todos los sentidos.

1.2 GANAR TU PRIMER DINERO: CÓMO PUEDEN GANAR DINERO LOS NIÑOS

Reunir tu propio montón de dinero no es sólo cosa de adultos con trabajo. No, incluso de niño, hay muchas formas de probar a ganar tu propio dinero y empezar a llenar esa alcancía. Veamos algunas ideas geniales que pueden ayudarte a empezar a ganar y a aprender el valor de un dólar (o de la moneda que te guste).

Pagas

En primer lugar, hablemos de las pagas. Es como tu primera inmersión en el mundo de los ingresos. Algunos padres ofrecen a sus hijos una paga a cambio de que hagan tareas domésticas. Las tareas pueden ser cualquier cosa, desde hacer la cama o sacar la basura hasta ayudar a fregar los platos. Este sistema es una forma estupenda de aprender sobre la responsabilidad y las dulces recompensas que vienen tras el trabajo duro. Además, gestionar tu paga te enseña a tomar decisiones sobre el gasto y el ahorro. Piensa en ella como tu presupuesto para gestionar cada semana o cada mes.

Ahorrar dinero en cumpleaños y fiestas

Los cumpleaños y las fiestas a veces pueden parecer como si te tocara la lotería, ¿verdad? Los regalos y el dinero de la familia y los amigos empiezan a llegar y gastarlo todo de una vez es tentador. He aquí una idea: ¿y si, en vez de eso, ahorraras una parte de ese dinero? Es una forma fantástica de aumentar tus ahorros rápidamente. También te enseña el valor de la gratificación diferida: ahorrar ahora para algo más grande y mejor más adelante. Tal vez un nuevo juego, un artilugio o incluso un viaje con el que has estado soñando. Ahorrar el dinero del regalo te acerca a esos objetivos, y es una práctica excelente para gestionar entradas de dinero inesperadas.

Pequeños negocios para niños

Si te sientes más emprendedor, montar un negocio sencillo puede ser tu billete para ganar más dinero. El clásico puesto de limonada es un gran ejemplo, pero no te detengas ahí. ¿Tienes mano para las plantas? ¿Qué tal si te ofreces a plantar flores o a cuidar el jardín de los vecinos? O si eres hábil con el cortacésped, los servicios de corte de césped pueden ser muy solicitados, sobre todo en verano. ¿A tus vecinos no les gusta limpiar los excrementos de sus mascotas? Pon en marcha un servicio de recogida de excrementos o de paseo de perros. Estas pequeñas empresas pueden enseñarte mucho sobre la gestión de un negocio, desde la fijación de precios hasta la comercialización de tus servicios y la gestión de tus ingresos. Recuerda que todos los grandes empresarios empezaron poco a poco, y tu puesto de limonada o tu servicio de jardinería podrían ser el principio de algo enorme.

Convertir aficiones en ingresos

Tus aficiones son como semillas: pueden crecer hasta convertirse en algo más con un poco de cuidado y creatividad. Ya sea hacer joyas, programar juegos o hacer magdalenas, hay un mundo ahí fuera ansioso por ver lo que eres capaz de hacer. Aquí tienes algunos caminos a considerar:

- **Vender manualidades caseras**: Los niños a los que les gustan las manualidades pueden vender sus creaciones, como joyas, llaveros o cuadernos decorados, en internet, a través de plataformas como Etsy o eBay, en ferias locales de manualidades o a amigos y familiares.
- **Enseñanza o tutoría**: Los niños mayores que destaquen en una materia o afición, como un instrumento musical, el arte o la codificación, pueden ofrecer clases a niños más pequeños de su comunidad o por internet. Y para los expertos en tecnología, ¿qué tal enseñar a otros a utilizar sus aparatos u ofrecerse a configurar dispositivos nuevos?
- **Blogging o vlogging**: Los chavales a los que les apasione escribir o hacer vídeos pueden crear un blog o un canal de YouTube sobre su afición. La monetización puede venir a través de anuncios, patrocinios o marketing de afiliación.
- **Artes escénicas**: Los niños con talento para cantar, bailar, actuar o tocar un instrumento pueden actuar en eventos locales, centros comunitarios o reuniones familiares para ganar dinero.
- **Jardinería y venta de productos**: Si la jardinería es su afición, los niños pueden vender las frutas, verduras o flores que cultivan, en los mercados agrícolas locales o directamente a los vecinos.

- **Arte y diseño digital**: Los niños expertos en arte digital o diseño gráfico pueden vender sus obras de arte en internet u ofrecer sus servicios de diseño para invitaciones, logotipos o ilustraciones personalizadas.
- **Fotografía**: Los fotógrafos principiantes pueden vender sus fotos en internet a través de sitios web de fotografía de archivo o stock u ofrecer sus servicios para retratos familiares o eventos locales.
- **Streaming de juegos**: Para los niños a los que les gustan los videojuegos, el streaming en plataformas como Twitch puede llegar a generar ingresos mediante donaciones de suscriptores, anuncios y patrocinios.

Consejos para padres

Ofrece orientación y apoyo. Ayuda a tus hijos a crear sus negocios al tiempo que les enseñas sobre seguridad, especialmente en internet.

Comercializar tu afición

Correr la voz es como lanzar un hechizo; sólo funciona si tienes los ingredientes adecuados. Tu pasión es contagiosa y, con una pizca de marketing, puedes llegar a personas que estén tan entusiasmadas como tú con tu afición. Ten en cuenta estos consejos:

- Con el permiso y la ayuda de tus padres, utiliza las redes sociales para mostrar tu trabajo. Las publicaciones regulares, las historias atractivas y los detrás de escena pueden atraer a un público fiel.
- El boca a boca es poderoso. Anima a tus amigos y familiares a que corran la voz sobre tus productos o servicios.

- Asiste a ferias locales, mercados o actos comunitarios en los que puedas exponer tus artesanías, actuar o dar una clase rápida. Es una forma estupenda de llamar la atención.

Ganar tu propio dinero de niño es un curso intensivo de responsabilidad, trabajo duro y creatividad. Ya sea a través de pagas, creando tu propio negocio, ahorrando dinero de regalos o encontrando formas únicas de ganar dinero, cada experiencia está repleta de valiosas lecciones. Además, ¿ver crecer tus ahorros con tu propio esfuerzo? Esa es una sensación de logro que el dinero no puede comprar.

Historias de éxito

La inspiración nos rodea, y muchos jóvenes emprendedores convierten sus aficiones en historias de éxito. Por ejemplo, una adolescente que empezó a hacer velas en su cocina y ahora dirige una próspera tienda online, o un grupo de amigos que convirtieron su afición a los videojuegos en un popular canal de YouTube que entretiene y educa sobre codificación y diseño de juegos. También está la joven artista que empezó a compartir sus dibujos en las redes sociales y ahora vende grabados y encargos en todo el mundo.

Cada historia es única, pero todas comparten un hilo común: una pasión convertida en propósito, impulsada por la creatividad, el trabajo duro y unos movimientos financieros inteligentes. Estas historias no son sólo relatos de éxito; demuestran que, con el enfoque adecuado, tu afición puede abrirte las puertas a oportunidades apasionantes.

Convertir tu afición en un negocio para ganar dinero es una mezcla de diversión, trabajo y aprendizaje. Te enseña a hacer lo que te gusta y a compartir ese amor con el mundo, a la vez que a ser inteligente a la hora de gestionar el aspecto financiero de las cosas. Es un camino que requiere creatividad, valor y un poco de inteligencia empresarial, y es increíblemente gratificante, ya que ofrece lecciones y experiencias que van mucho más allá de ganar dinero. Así que adelante, toma esa afición tuya y mira adónde puede llevarte. ¿Quién sabe? Puede ser el principio de una aventura increíble.

1.3 EL CONCEPTO DE INTERCAMBIO: DINERO POR BIENES Y SERVICIOS

Imagina que entras en tu tienda de golosinas favorita, con los ojos muy abiertos mientras miras filas y filas de delicias azucaradas. Eliges un chocolate y entregas un dólar; la golosina es tuya. Este sencillo acto es un ejemplo clásico de intercambio. El dinero no se queda en la billetera. Es la llave que abre el vasto mundo de los bienes y servicios.

Aspectos básicos de la compraventa

En el fondo, comprar y vender es un intercambio. Ofreces dinero y, a cambio, obtienes algo que quieres o necesitas: un chocolate, una moto nueva o un corte de pelo. Este intercambio es fundamental para el funcionamiento de los mercados. Las empresas proporcionan bienes o servicios, y personas como tú y yo utilizamos dinero para comprarlos. Es una danza que lleva siglos produciéndose, dando forma a economías grandes y pequeñas.

Lo que hace interesante esta danza es el proceso de toma de decisiones. Cada vez que decides comprar algo, estás respondiendo a preguntas básicas. ¿Vale este chocolate mi dólar? ¿Podría gastar mejor mi dinero en otra cosa? En estas decisiones influyen varios factores, como cuánto valoras lo que compras y cuánto dinero tienes para gastar.

El rol de los precios

Los precios son como señales en el mercado. Comunican el valor de los bienes y servicios, orientando tanto a compradores como a vendedores. Pero, ¿te has preguntado alguna vez cómo se fijan los precios? Puede parecer magia, pero hay un método.

Los precios suelen empezar por los costes. Para vender un producto, primero hay que fabricarlo, lo que cuesta dinero. Los materiales, la mano de obra, incluso la electricidad para hacer funcionar las máquinas... todos estos costes se suman e influyen en el precio final de un producto. Pero los costes no son el único factor. ¿Recuerdas que hablamos de las decisiones? Cuánto está dispuesta a pagar la gente por algo también desempeña un papel importante en la fijación de los precios. Si todo el mundo clama por el último videojuego, el precio puede ser más alto porque el valor percibido es alto.

Oferta y demanda

Ahora, entremos en lo esencial que es la oferta y la demanda, dos fuerzas que impulsan el mercado como ninguna otra. La oferta es la cantidad de algo que está disponible. La demanda es cuánto lo quiere la gente. Ambas tienen una relación de amor-odio. Cuando la oferta es alta y la demanda baja, los precios tienden a bajar. ¿Por qué? Porque los vendedores quieren animar a más gente a comprar sus excedentes. ¿Recuerdas cuando aparecieron los fidget spinners? Todo el mundo quería uno (gran demanda), así que los precios eran altos. Al cabo de un tiempo, la gente perdió interés y dejó de comprarlos (baja demanda). Pero aún quedaban muchos en las estanterías de las tiendas, así que el precio bajó para animar a la gente a comprarlos.

Por otro lado, los precios pueden dispararse cuando la oferta es baja y la demanda alta. Piensa en las entradas de un concierto para ver al grupo más grande del mundo. Hay pocos asientos disponibles y todo el mundo quiere entrar, así que las entradas cuestan mucho.

Comprender la oferta y la demanda puede convertirte en un comprador más inteligente. Si te das cuenta de que un nuevo producto está volando de las estanterías y los precios suben, puedes decidir esperar hasta que se calme el revuelo y la oferta se ponga al nivel de la demanda. De ese modo, puede que consigas un mejor precio.

Elegir con conocimiento de causa

Tomar decisiones informadas sobre el gasto de tu dinero es como ser detective. Reúnes pistas, sopesas pruebas y tomas decisiones que afectan a tu felicidad y a tu billetera. He aquí cómo puedes afinar tus dotes detectivescas:

- **Necesidades frente a deseos**: En primer lugar, determina si lo que vas a comprar es una necesidad (esencial para vivir) o un deseo (agradable de tener). Las necesidades son lo primero, pero está bien satisfacer los deseos si tienes presupuesto.
- **Relación calidad-precio**: Piensa en el valor que tu compra aporta a tu vida. ¿Es algo que usarás o disfrutarás a menudo? ¿O acabará olvidado en algún cajón? Obtener un buen valor por tu dinero significa gastar dinero en cosas que añadan significado a tu vida.

- **Compara precios**: No te limites a comprar lo primero que veas. Mira a tu alrededor, compara precios y consulta opiniones. Puede que encuentres lo mismo más barato en otro sitio o que descubras que otro producto ofrece mejor calidad por un precio similar.
- **Satisfacción a largo plazo**: A veces, gastar un poco más por adelantado puede ahorrarte dinero a largo plazo. Las cosas baratas pueden romperse o desgastarse rápidamente, mientras que gastando un poco más puedes conseguir algo que dure más. Se trata de considerar tus compras en términos de satisfacción y ahorro a largo plazo.

Siempre que intercambias dinero por bienes o servicios, tomas decisiones que afectan a tu futuro financiero. Al comprender los fundamentos de la compraventa, el rol de los precios y la danza de la oferta y la demanda, te equipas con conceptos necesarios para tomar decisiones con conocimiento de causa. Tanto si se trata de decidir cuándo comprar, en qué gastar tu dinero o cómo sacarle el máximo partido, ser un consumidor inteligente te coloca en el asiento del conductor de tu viaje financiero.

ACTIVIDAD DE REPASO DEL CAPITULO 1

Across:

1. La importancia, valía o la utilidad de algo.

2. Usar tu dinero para intentar ganar más dinero comprando cosas que podrían aumentar de valor.

3. Pedir dinero prestado para comprar algo ahora y pagarlo después.

4. Contarle a la gente sobre productos o servicios para tratar de vendérselos.

5. El tipo de dinero que se usa en un país.

6. Planear cómo gastar tu dinero.

7. Dinero extra que pagas cuando pides dinero prestado o dinero extra que recibes cuando ahorras dinero.

Down:

1. Intercambiar una cosa por otra

2. Dinero que guardas, usualmente en un banco, para usarlo más adelante.

3. El dinero que ganas cuando vendes algo por más de lo que te costó.

4. Cantidad de algo que está disponible para comprar.

5. Alguien que empieza su propio negocio.

6. La riqueza y los recursos de un país o región, especialmente en términos de la producción y venta de bienes y servicios.

Respuestas en la pag 172

CAPÍTULO 2
ABRIR EL COFRE DEL TESORO
TU GUÍA PARA AHORRAR SABIAMENTE

Imagínate esto: estás en una búsqueda, no de tesoros ocultos o artefactos místicos, sino de algo mucho más valioso: el secreto para ahorrar con inteligencia. En todas las historias épicas, los héroes necesitan un compañero de confianza. En el mundo de las finanzas, ese compañero es tu estrategia de ahorro. Te protege frente a gastos inesperados, potencia tu capacidad de compra y prepara el terreno para alcanzar esos grandes objetivos soñados. Así que toma tu brújula financiera y naveguemos juntos por los mares del ahorro.

2.1 ALCANCÍAS Y MÁS ALLÁ: FORMAS DIVERTIDAS DE AHORRAR

El viaje hacia el ahorro empieza por encontrar el recipiente perfecto para tu tesoro. Piensa en tu alcancía no sólo como un recipiente, sino como una compañera en tu aventura financiera. Hay todo tipo de alcancías. Algunas cuentan las monedas a medida que las depositas, otras tienen la forma de tus personajes de dibujos animados favoritos, y también hay alcancías digitales que se conectan a aplicaciones y realizan un seguimiento de tus ahorros con cada depósito.

Elegir una alcancía que te entusiasme para ahorrar es crucial. Si eres un experto en tecnología, una alcancía digital puede ser tu vocación. ¿Te gustaría algo tangible? Una alcancía clásica de cerámica que puedas personalizar con pintura o pegatinas podría ser la mejor opción. Recuerda, la alcancía adecuada no sólo guarda tu dinero, sino que refleja tu personalidad y te motiva a seguir aumentando tu reserva.

Fijar objetivos de ahorro

Los objetivos son el mapa que guía tu travesía del ahorro. Sin ellos, es fácil desviarse del camino o perder de vista por qué estás ahorrando en primer lugar. Empieza con algo sencillo. Puede que estés pensando en un nuevo videojuego, planeando un día con los amigos o ahorrando para un nuevo y reluciente scooter eléctrico.

He aquí el truco: escribe tu objetivo en una nota adhesiva y pégala a tu alcancía. Ver tu objetivo cada día actúa como recordatorio e inspiración constantes.

Seguimiento del progreso

Las ayudas visuales son fantásticas para seguir el progreso de tus ahorros. Crea un gráfico o una barra de progreso y rellénala a medida que crecen tus ahorros. Es como ver la pantalla de carga de tu juego favorito, pero esta vez, estás viendo cómo cobran vida tus objetivos financieros. Coloca tu rastreador junto a tu alcancía o en la pared de tu habitación, donde lo veas todos los días. Ser testigo de tus progresos puede darte una verdadera sensación de logro y empujarte a seguir adelante.

Más allá de la alcancía

Una vez que domines el arte de la alcancía, puede que sea hora de subir de nivel. Considera la posibilidad de abrir una cuenta de ahorro diseñada para niños o adolescentes. Muchos bancos ofrecen cuentas sin comisiones, que te enseñan los entresijos de la banca pero sin el riesgo. Con una cuenta de ahorro, tu dinero no se queda ahí. Está creciendo gracias a algo llamado intereses. Además, tener una cuenta bancaria puede hacer que te sientas como un adulto de buena fe, haciéndote cargo de tu futuro financiero.

Abrir una cuenta puede ser un asunto familiar. Habla con tus padres para que te ayuden a abrir una. Pueden guiarte en el proceso, desde elegir el banco adecuado hasta saber cómo hacer los ingresos. Este paso aumenta tus ahorros y te enseña valiosas lecciones sobre el funcionamiento de los bancos y la importancia de la seguridad financiera.

Ahorrar dinero es algo más que atesorar monedas. Es fijarse objetivos, seguir los progresos y dar los primeros pasos en el amplio mundo de las finanzas. Tanto si estás llenando una alcancía hasta el tope como si estás gestionando tu primera cuenta bancaria, cada céntimo ahorrado es una piedra angular hacia tu independencia financiera. Así que sigue alimentando esa alcancía, traza tu viaje de ahorro con orgullo y recuerda que todo ahorrador empieza poco a poco. Tu yo futuro te agradecerá los tesoros que guardas hoy.

2.2 ESTABLECER OBJETIVOS DE AHORRO: SUEÑOS ALCANZADOS PASO A PASO

Así que tienes una alcancía que empieza a sentirse como un miembro más de la familia, y estás listo para abordar algunos objetivos de ahorro serios. Es como emprender la búsqueda para matar al dragón, excepto que tu dragón es esa cosa impresionante con la que has estado soñando. Pero, ¿cómo diferenciar entre un capricho pasajero y un auténtico tesoro que merece la pena perseguir? Sumerjámonos en ello.

Identificar deseos y necesidades

Es sábado por la tarde y te enfrentas a una decisión: darte un capricho con un cubo gigante de tu helado favorito o guardar algo de dinero para esa nueva bicicleta. He aquí la batalla entre los deseos y las necesidades. Los deseos son esas cosas brillantes y llamativas sin las que puedes vivir (sí, incluso ese helado). Las necesidades, por otro lado, son lo esencial. Piensa en ellas como la armadura y las armas de tu travesía: necesarias para sobrevivir.

Para separar tus deseos de tus necesidades, pregúntate: ¿comprar esto me ayudará a largo plazo? ¿O es sólo para un rápido impulso de felicidad? Una bicicleta nueva podría significar aventuras con los amigos y un pasatiempo saludable, mientras que el helado... bueno, eso es un placer fugaz. El truco está en encontrar el equilibrio entre ahorrar para las necesidades y salpicar algunos deseos para que el viaje siga siendo emocionante.

Cuando eres niño, puede que no quieras muchas cosas. Quizá sólo algunos juguetes, libros y tus bocadillos favoritos. Pero a medida que crezcas, empezarás a querer más cosas, como aparatos geniales, juegos y ahorrar para un coche o para la universidad. El truco para estar preparado para todos estos deseos es empezar a ahorrar dinero ahora, mientras no necesitas gastar mucho. Piensa en ello como en un videojuego, en el que vas acumulando monedas o puntos al principio para tener de sobra cuando el juego se ponga más difícil. Ahorrar temprano te da un gran impulso, como la ventaja de un superhéroe, para que puedas hacer frente a mayores necesidades y deseos cuando crezcas.

Desglosar los objetivos

¿Por qué limitar tus sueños al patio trasero cuando puedes apuntar a las estrellas? Los objetivos financieros deben ser algo más que ahorrar lo suficiente para un nuevo juego o un par de zapatillas. Piensa a lo grande: un fondo para la universidad, tu primer coche o incluso montar tu propio negocio. Estos grandes sueños te empujan a aprender, crecer y pensar de forma creativa sobre el dinero.

Objetivos SMART

Fijar un objetivo es una cosa, alcanzarlo es otra. Ahí es donde entran en juego los objetivos SMART. Este método divide las grandes ambiciones en pasos manejables:

- **Específico**: Define claramente lo que quieres conseguir.
- **Medible**: Establece marcadores para seguir tus progresos.

- **Alcanzable**: Sé realista. Es bueno ampliar tus capacidades, pero mantente dentro de lo posible.
- **Relevante**: Asegúrate de que el objetivo te importa. No tiene sentido trabajar por algo que no te apasiona.
- **Con plazos**: Fija una fecha límite. Un objetivo sin plazo no es más que un deseo.

Por ejemplo, en lugar de decir: "sólo quiero ahorrar dinero", un objetivo SMART sería: "ahorraré $300 para una bicicleta nueva, ahorrando $25 de mi paga cada mes durante los próximos 12 meses".

Visualizar el éxito

¿Has oído alguna vez que los deportistas visualizan sus victorias? También funciona para los objetivos financieros. Crear un tablero de visión puede dar vida a tus objetivos. Toma una cartulina o utiliza una aplicación digital y empieza a recopilar imágenes que representen tus aspiraciones financieras. Colócalo en un lugar que veas a diario. Este recordatorio visual constante mantiene tus objetivos en primer plano, alimentando tu motivación para hacerlos realidad.

Incluir a familiares y amigos

Compartir tus objetivos puede convertirlos en un esfuerzo de grupo. Tu familia puede ofrecerse a igualar lo que ahorras dólar por dólar, o un amigo puede subirse al carro con un objetivo similar, convirtiéndolo en una competición amistosa. Hablar de tus objetivos hace que sea más fácil cumplirlos y obtener ayuda, y te ayuda a sentirte menos solo y con más probabilidades de éxito.

Establecer objetivos ambiciosos es el primer paso de una aventura mayor. Se trata de apuntar alto, elaborar un plan y emprender acciones coherentes para hacer realidad esos sueños. Con objetivos SMART, técnicas de visualización y el apoyo de tu tripulación, no sólo estarás soñando a lo grande, sino que estarás preparando las velas para un viaje financiero exitoso.

Hacer del ahorro un juego

¿Quién dijo que ahorrar dinero no puede ser divertido? Introducir la gamificación o ludificación en tu estrategia de ahorro puede hacer que deje de ser una tarea y se convierta en un reto que estás deseando superar. Organiza un reto de ahorro con tus amigos o familiares: a ver quién ahorra más dinero en un mes recortando gastos no esenciales. O crea un cartón de bingo de ahorro personal con casillas para diferentes tareas de ahorro: "día sin gastos", "haz una tarea extra", "ahorra todo el dinero ganado". Celebra las victorias con recompensas no monetarias, como una noche de cine en casa.

Aprovechar la tecnología

En la era digital actual, tu smartphone (o el teléfono de tus padres) es tu varita mágica para ahorrar. Las aplicaciones financieras pueden hacer un seguimiento de tus gastos, redondear las compras para ahorrar la diferencia e incluso invertir las monedas sueltas. Pero no nos detengamos ahí. Utiliza la tecnología para comparar precios en tiempo real con aplicaciones de escaneo de códigos de barras, asegurándote de que siempre consigues la mejor oferta. Y para los magos en formación, configurar alertas de bajadas de precios en artículos buscados puede suponer un gran ahorro con el mínimo esfuerzo.

- Con la ayuda de tus padres, descárgate aplicaciones presupuestarias para controlar tus gastos.
- Utiliza aplicaciones de comparación de precios al comprar para asegurarte siempre la mejor oferta.
- Configura alertas de bajada de precios para los artículos de tu lista de deseos.

Bricolaje y reutilizar

Lo viejo se convierte en nuevo con un movimiento de muñeca, o mejor dicho, con un poco de creatividad y grasa de codo. Antes de tirar algo o apresurarte a comprarlo nuevo, pregúntate si se puede reutilizar o arreglar. Los tarros pueden convertirse en elegantes organizadores, las viejas piezas de juego pueden utilizarse para crear un juego totalmente nuevo. Internet es un tesoro de tutoriales de bricolaje para casi cualquier cosa. La reutilización no sólo ahorra dinero, sino que también reduce los residuos: una doble ventaja.

- Convierte restos de tela en bolsas, fundas de almohada o incluso material artístico.
- Convierte botellas viejas en jarrones o crea arte mural con recortes de revistas.
- Arregla, en lugar de sustituir. A menudo, un simple tutorial de YouTube es todo lo que necesitas para reparar algo.

Adaptarte a medida que creces

Tus objetivos son aspiraciones vivas, que respiran y evolucionan a medida que tú lo haces. El objetivo económico que fijaste a principios de año puede no tener sentido dentro de seis meses, y no pasa nada. Revisar periódicamente tus objetivos te permite modificarlos, asegurándote de que siguen alineados con lo que es importante para ti. Es como actualizar un juego; a medida que subes de nivel, tus objetivos pueden cambiar, requiriendo nuevas estrategias y herramientas.

2.3 CELEBRAR LOS HITOS: RECOMPENSAS POR EL CAMINO

Imagina que llegas a la cima de una montaña tras una larga caminata. Te quedas sin aliento, tienes las piernas cansadas, pero la vista y la sensación de logro son incomparables. Aspiramos a tener esta sensación mientras navegamos por nuestros objetivos financieros. Cada hito alcanzado es como un punto de control en nuestra aventura, que merece su propio momento de reconocimiento y celebración. He aquí cómo podemos hacer que estos momentos cuenten y mantener el ánimo alto sin perder de vista el panorama general.

Diseñar recompensas

Elaborar un sistema de recompensas es como plantar pequeños tesoros a lo largo de tu camino, que te animan a seguir avanzando. Planifica una recompensa para cada hito financiero que se corresponda con el esfuerzo que te ha costado llegar hasta allí. Si has ahorrado la mitad de lo que te habías propuesto para comprar ese iPad que tanto te gustaba, ¿por qué no te regalas un día en tu parque favorito? El truco está en asegurarse de que estas recompensas se mantengan dentro de tu plan de ahorro. Deben ser consideradas pero modestas: recordatorios de tu progreso que te estimulen en lugar de hacerte retroceder. Haz una lista de tus hitos para un objetivo concreto. Junto a cada uno, anota una recompensa que te parezca apropiada. Esta lista es tu hoja de ruta. Te mantiene al tanto de la próxima celebración y te motiva para alcanzar tu objetivo.

Ideas para celebrar hitos:

- **Trofeo casero para el "Ahorrador del mes"**: Haz un trofeo único con materiales reciclados para celebrar al miembro de la familia que más haya ahorrado ese mes.
- **Noche especial de juegos en familia**: Utiliza una pequeña parte de los ahorros para comprar un nuevo juego de mesa para que la familia disfrute junta, celebrando tu logro económico.
- **Certificado de logros hecho por ti**: Crea certificados personalizados para cada miembro de la familia cuando alcance su objetivo de ahorro, con títulos y adornos divertidos.
- **Fiesta de la Tabla de Objetivos de Ahorro**: Cuando la tabla de ahorro familiar esté llena, organiza una fiesta con aperitivos caseros o una noche de cine en casa.

- **Picnic en el parque**: Prepara un picnic con las golosinas caseras favoritas de todos y vete al parque para celebrar que has alcanzado un hito en el ahorro.
- **Haz un álbum de ahorros**: Empieza un álbum de recortes que documente tu trayectoria financiera, añadiendo fotos, notas e hitos conseguidos a lo largo del camino.
- **Tarro de la libertad financiera**: Cada vez que alguien alcance un objetivo, podrá añadir una canica o piedra de colores a un tarro común, mostrando visualmente los logros colectivos.
- **Concurso de decoración de tarros de ahorros**: Organiza un concurso para decorar tarros de ahorro individuales utilizando diversos materiales de manualidades, y celébralo con un pequeño premio para el tarro más creativo.
- **Escribe un boletín familiar**: Incluye actualizaciones sobre tus objetivos financieros, logros y datos o chistes divertidos. Compártelo con familiares y amigos para celebrar tus progresos.
- **Organiza una cena de "Sueños futuros"**: Prepara una comida especial en casa en la que cada miembro de la familia comparta sus sueños para el futuro, financiada con tus ahorros continuos.
- **Construye un muro de seguimiento de objetivos**: Designa una pared o tablón de la casa para hacer un seguimiento de los objetivos de ahorro con post-its o imanes de colores. Celebra cuando tengas que añadir un nuevo objetivo porque el anterior se ha alcanzado.
- **Crea una canción o cántico sobre el ahorro**: Colaboren en una canción o cántico divertido sobre el ahorro de dinero y cántenlo juntos cuando alcancen un hito.
- **Planta un jardín**: Dedica una nueva planta o flor a cada hito financiero conseguido, creando un próspero jardín de tus logros.

- **Caja de recuerdos para recibos y notas**: Crea una caja de recuerdos donde guardes recibos o notas relacionados con tus objetivos financieros, añadiendo un nuevo elemento cada vez que se alcance un objetivo.
- **Fiesta del tablero de visión de los objetivos financieros**: Cuando se alcancen hitos importantes, organiza una fiesta de tablero de visión en la que cada persona cree un tablero que represente sus objetivos futuros, alimentados por el éxito financiero.

Equilibrar recompensas y ahorro

El arte de recompensarte a ti mismo sin dejar de ahorrar es un delicado equilibrio. Debes encontrar la alegría en el presente sin perder de vista tus objetivos futuros. Un método consiste en reservar un pequeño porcentaje de lo que ahorras para tu fondo de recompensa. Por ejemplo, por cada $100 ahorrados, $5 van a un "bote de recompensa" aparte. Este método mantiene intactos tus ahorros primarios a la vez que te da algo que esperar. Es una forma de ganar que celebra tu dedicación sin comprometer tu objetivo final.

Establece límites claros

Decide el porcentaje de tus ahorros que se destinará a recompensas. Cíñete a esta regla para que las cosas sean coherentes y justas tanto para tu yo actual como para tu yo futuro.

Recompensas no monetarias

Las recompensas no tienen por qué costar dinero. De hecho, algunas de las celebraciones más significativas implican experiencias o privilegios más que bienes materiales. Para las pequeñas victorias, podrías conseguir una hora más de pantalla el fin de semana o poder elegir la película de la noche de cine familiar. Los logros mayores podrían marcarse con un día dedicado a tus actividades favoritas, elegidas por ti. Este tipo de recompensas enriquecen tu vida con experiencias, no con cosas, y te recuerdan que el camino hacia tus objetivos financieros puede ser divertido y satisfactorio.

La creatividad es la clave

Piensa fuera de la caja para encontrar formas de celebrarlo que no impliquen gastar. Puede que haya una habilidad que hayas querido aprender, y ahora es el momento perfecto para empezar. Utiliza tus hitos como oportunidades para enriquecer tu vida de diversas maneras.

Reflexionar sobre los logros

Tomarte tiempo para reflexionar sobre lo que has conseguido es crucial. No sólo te das palmaditas en la espalda, sino que eres testigo de cómo cada hito te acerca a tus objetivos más amplios. Reserva algo de tiempo después de alcanzar un hito para escribir cómo lo has conseguido, a qué retos te has enfrentado y cómo los has superado. Esta reflexión convierte tus logros en experiencias de aprendizaje, dándote ideas y estrategias para aplicar a futuros objetivos. Transforma cada hito de un mero punto de control en un peldaño, allanando tu camino hacia el éxito.

Lleva un diario

Dedica una sección de tu diario financiero a las reflexiones. Después de cada hito, rellena una nueva entrada. Con el tiempo, esta sección se convertirá en un testimonio de tu crecimiento y en una guía llena de sabiduría personal.

2.4 EL PODER DE LA PACIENCIA: ESPERAR POR LO QUE QUIERES

Ahora hablemos de la virtud de oro del ahorro: la paciencia. No es sólo esperar; es creer en la magia del mañana. Piensa en la historia de Mia. Mia ahorró su paga durante todo un año para comprarse un telescopio de nivel profesional. Hubo momentos en que los deslumbrantes videojuegos y la ropa de moda la tentaron, pero Mia mantuvo los ojos en las estrellas, literalmente. Cuando por fin miró por su nuevo telescopio, las estrellas no sólo brillaban, sino que eran su recompensa a la paciencia.

La paciencia nos enseña que algunos sueños hacen que valga la pena la espera. Convierte el ahorro en una aventura y no en una tarea. Cada vez que eliges ahorrar en lugar de gastar, estás un paso más cerca de tu objetivo. No es fácil, sobre todo cuando aparecen tentaciones brillantes, pero recuerda a Mia y sus estrellas. Tu "momento telescopio" está a la vuelta de la esquina.

Gratificación diferida

Gratificación diferida es un término elegante para "esperar por lo bueno". Significa optar por aplazar las recompensas más pequeñas e inmediatas para poder obtener recompensas mayores y más satis-factorias en el futuro. Piénsalo así: podrías gastarte ahora tu paga en un montón de juguetes pequeños, o podrías ahorrar para comprarte ese mega set de Lego que llevas meses mirando. Elegir esto último es un caso clásico de gratificación diferida. Retrasar la gratificación no es sólo ahorrar dinero. Entrena a tu cerebro para que busque la felicidad y la satisfacción a largo plazo.

Historias de éxito

Hablemos de Sam. Sam le había echado el ojo a una consola de juegos de gama alta. Era un gran objetivo, sobre todo para un niño. En vez de derrochar en cosas más pequeñas, Sam decidió ahorrar hasta el último céntimo que pudiera. Cumpleaños, vacaciones, incluso hacer tareas extra para los vecinos... cada céntimo iba a parar a sus ahorros. Tardó más de un año, pero el día en que Sam entró en la tienda y compró su consola con su propio dinero fue inolvidable. Aquella consola era algo más que un dispositivo de juego: era un trofeo, un recordatorio de su paciencia y deter-minación.

También está Lucy. Lucy soñaba con ir a un campamento de verano conocido por sus increíbles aventuras al aire libre. ¿El problema? Era bastante caro. Lucy se volvió creativa. Empezó su propio negocio de venta de pulseras hechas a mano. Al principio fue lento, pero siguió adelante, ahorrando los beneficios de cada venta. Cuando llegó el verano, Lucy tenía suficiente para pagar el campa-mento. La experiencia fue increíble, llena de recuerdos y amistades que durarían toda la vida.

Actividades para desarrollar la paciencia

Armarse de paciencia, sobre todo para ahorrar dinero, puede ser divertido. Aquí tienes algunas actividades que puedes probar:

- **El calendario del ahorro**: Crea un calendario de colores dedicado a tu objetivo de ahorro. Añade una pegatina o un sello por cada semana o mes que añadas dinero a tus ahorros. Ver cómo se llena tu calendario con el tiempo es satisfactorio y te recuerda visualmente tus progresos.

- **El tarro de la paciencia**: Consigue dos tarros y llena uno con canicas o cuentas, cada una de las cuales represente una parte de tu objetivo de ahorro. Cada vez que añadas dinero a tus ahorros, mueve una canica al otro tarro. Ver cómo se llena el segundo tarro es sorprendentemente motivador y hace que el concepto de ahorro sea más tangible.
- **Visualización del objetivo**: Dedica algún tiempo a dibujar o elaborar una representación de tu objetivo. Puede ser un póster de esa bici para la que estás ahorrando o de la cámara que quieres. Colócalo donde lo veas todos los días. Este recordatorio visual de aquello por lo que estás trabajando puede ayudarte a mantener tu atención en el premio a largo plazo.

Relacionar la paciencia con el ahorro

La paciencia y el ahorro son como dos gotas de agua. Van de la mano, reforzándose mutuamente. Cuando ahorras, estás practicando la paciencia, esperando algo que quieres en lugar de buscar la gratificación instantánea. Y a medida que te vuelves más paciente, ahorrar se vuelve más fácil. Empiezas a ver el panorama más amplio, comprendiendo que algunas cosas hacen que merezca la pena esperar.

Ahorrar con paciencia también enseña valiosas lecciones de vida que van más allá de la mera inteligencia financiera. Forja el carácter, enseñando resiliencia, determinación y la capacidad de fijar y alcanzar objetivos. Estas habilidades son como superpoderes, que te equipan para afrontar los retos financieros y cualquier obstáculo que la vida te ponga por delante.

Así que tómate un momento la próxima vez que te encuentres ansioso por gastar tus ahorros en algo pequeño. Piensa en tu objetivo mayor, el que requiere un poco de espera y un poco de paciencia. Recuerda que los tesoros más gratificantes suelen ser aquellos por los que esperamos, aquellos para los que ahorramos, paso a paso, día a día.

2.5 DE CÉNTIMOS A DÓLARES: VER CRECER TUS AHORROS

Imagina tus ahorros como una pequeña semilla que acabas de plantar en el suelo. Al principio, no parece gran cosa, pero dale tiempo, agua y cuidados, y un día brotará y se convertirá en un árbol floreciente. En el mundo del ahorro, el "interés" es el agua y los cuidados que ayudan a crecer a tu dinero-semilla. Los bancos ofrecen intereses como agradecimiento por mantener tu dinero con ellos. Es como si alquilaran tu dinero y te pagaran una renta a cambio. ¿Y lo mejor? No tienes que hacer nada más. Tu dinero crece por sí solo.

Explicación de los intereses

Cuando ahorras dinero en un banco, éste utiliza tu dinero para prestarlo a otros. A cambio, añaden intereses, un porcentaje de tus ahorros, a tu cuenta. Todos salimos ganando. Tú obtienes dinero extra sólo por ahorrar, y el banco puede utilizar tus fondos para sus operaciones. Piensa en los intereses como una recompensa por ser paciente y astuto con tus ahorros.

Interés compuesto

Ahora, hablemos de algo que realmente cambia el juego: el interés compuesto. Es interés sobre interés. Imagina que ahorras $100 y tu banco te ofrece un 10% de interés anual. Después del primer año, tienes $110. En el segundo año, ganas intereses no sólo sobre tus $100 originales, sino también sobre los $10 de intereses del primer año. Al final del segundo año, tienes $121. Este ciclo continúa y, con el tiempo, tus ahorros aumentan no sólo por tus depósitos, sino por los intereses acumulados. El interés compuesto es como una bola de nieve rodando por una gran colina, acumulando más nieve y haciéndose más grande con cada vuelta.

Ejemplos reales

Conozcamos a Jamie y Taylor, dos amigos apasionados por el ahorro. Jamie empezó a ahorrar $20 cada mes desde los 10 años, mientras que Taylor esperó hasta cumplir los 15 para empezar a ahorrar la misma cantidad. Ambas eligieron cuentas de ahorro con un tipo de interés que capitalizaba en la magia del interés compuesto. A los 25 años, Taylor tenía la respetable suma de $3.461,70, pero Jamie, que empezó antes, tenía bastante más, $6.339,25, todo gracias a la ventaja y al poder del interés compuesto.

Al terminar este capítulo, recuerda que cada céntimo que ahorras hoy es un paso hacia un mañana más brillante y seguro. Ver cómo tus ahorros pasan de céntimos a dólares, gracias a las maravillas del interés y del interés compuesto, demuestra que incluso la cantidad más pequeña puesta a un lado puede transformarse en un ahorro significativo. Juega a largo plazo, donde la paciencia, la constancia y el tiempo son tus mejores aliados. A medida que avancemos, exploraremos cómo hacer movimientos inteligentes con el dinero que has acumulado, asegurándonos de que sigue trabajando para ti y allanando el camino hacia un futuro lleno de posibilidades.

ACTIVIDAD DE REPASO DEL CAPITULO 2

E	N	P	H	A	K	A	R	L	T	M	T	E	I	V	F	S	U
T	X	D	R	J	A	C	E	P	T	B	E	S	V	S	J	O	P
D	F	P	N	E	Z	G	C	M	A	I	N	T	E	R	E	S	C
E	Z	Q	P	Y	S	U	O	B	B	C	N	W	A	X	N	C	O
S	A	M	V	H	K	U	M	C	L	N	I	K	K	S	Z	U	M
A	H	O	R	R	O	S	P	Z	A	A	F	E	C	R	D	E	P
F	A	Z	U	L	F	V	E	U	D	P	M	P	N	E	B	N	U
I	T	L	W	W	D	D	N	T	E	G	Y	M	B	C	B	T	E
O	A	X	C	K	S	T	S	N	V	S	V	A	K	I	I	A	S
Z	L	U	M	A	Q	Q	A	Y	I	W	T	C	N	C	J	A	T
E	V	B	E	X	N	B	S	V	S	E	J	O	S	L	J	Y	O
I	I	M	W	O	H	C	B	F	I	Z	J	P	K	A	P	F	R
O	C	Y	U	S	E	U	I	N	O	Y	U	D	V	J	D	P	L
Q	K	P	S	C	T	L	U	A	N	Y	G	C	L	E	N	N	N
W	C	I	P	R	D	B	H	X	L	S	P	H	Z	K	E	E	L
V	I	J	C	U	V	J	G	M	A	D	I	G	I	T	A	L	P
F	Z	U	G	N	Y	G	J	Q	C	Z	S	P	D	G	R	S	T
R	I	C	H	A	X	F	B	F	X	M	U	N	I	R	R	O	D

ALCANCÍA	INTERÉS	AHORROS
DESAFÍO	RECICLAJE	CUENTA
PRESUPUESTO	DIGITAL	RECOMPENSA
PACIENCIA	METAS	
TABLA DE VISIÓN	COMPUESTO	

Respuestas en la pag 173

CAPÍTULO 3
EL LIBRO DE JUGADAS DEL GASTADOR INTELIGENTE

Imagina que estás en una feria. Luces parpadeantes, música a todo volumen, y cada puesto de juegos promete una oportunidad de ganar el gran premio. Pero aquí está el truco: Sólo tienes un número limitado de tickets para gastar. ¿Dónde los usas? ¿En los juegos llamativos y de alto riesgo que primero captan tu atención? ¿O haces una estrategia, eligiendo los juegos que ofrezcan más posibilidades de ganar o que más te gusten? Este carnaval se parece mucho a las decisiones financieras de la vida. Cada elección cuesta algo. Tomar decisiones inteligentes significa conocer la diferencia entre lo que necesitas y lo que quieres, y luego actuar con prudencia.

3.1 NECESIDADES FRENTE A DESEOS: ELEGIR CON INTELIGENCIA

Definir necesidades y deseos

Desglosémoslo. Las necesidades son lo esencial, lo no negociable: comida, vivienda, ropa (lo básico, no un armario de diseño) y quizá los gastos de educación. Los deseos, en cambio, son todos los extras. Son el espolvoreado de tu helado, las luces de neón de tu bicicleta o ese videojuego que acaba de salir al mercado. ¿Lo difícil? A veces, lo que pensamos que necesitamos es en realidad un deseo inteligentemente disfrazado. Reconocer la diferencia es el primer paso para gastar con inteligencia.

Priorizar el gasto

Una vez que hayas separado tus necesidades de tus deseos, es hora de jugar al Tetris financiero. Tu presupuesto es el tablero de juego, y primero tienes que encajar tus necesidades. El espacio que queda, ahí es donde entran tus deseos. Si hay espacio, ¡genial! Si no, es hora de reevaluar y decidir qué deseos pueden esperar. Esto no significa suprimir la diversión. Simplemente te permite asegurarte de que tienes las bases cubiertas antes de añadir extras.

El sistema de sobres

He aquí una forma tangible de gestionar tus gastos: el sistema de sobres. Toma algunos sobres y etiqueta cada uno con una categoría como Comida, Ahorros, Dinero para diversión, ya entiendes. Cada vez que tengas algo de dinero, divídelo entre los sobres en función de tus prioridades. Es una forma visual y física de ver cuánto dinero tienes y de hacer que dejes de gastar cuando un sobre esté vacío. Se acabó el adivinar si puedes permitirte ese libro de comics o si deberías ahorrar un poco más.

Toma de decisiones en la vida real

Ahora imagina que estás en la tienda con dinero en el bolsillo. Ves un aparato genial al que le has echado el ojo, pero también recuerdas que estás ahorrando para un campamento el próximo verano. Aquí es donde te paras a pensar. Pregúntate: "¿Lo necesito ahora mismo? ¿Puede esperar? ¿Qué es más importante a largo plazo?". A veces, tomarte un momento para considerar tus opciones te lleva a tomar decisiones más inteligentes. Y oye, si decides esperar, puede que ese aparato esté de oferta para cuando hayas ahorrado lo suficiente para él y el campamento.

Tomar decisiones inteligentes con tu dinero no significa que nunca consigas lo que quieres. Significa asegurarte primero de que tienes lo que necesitas, y luego utilizar sabiamente tu poder adquisitivo en los deseos que realmente te importan. Te estás poniendo al mando, no dejando que las decisiones impulsivas te guíen. Con la práctica, encontrarás el equilibrio. Te convertirás en un ahorrador y un gastador inteligente.

3.2 EL ARTE DE PRESUPUESTAR: PLANIFICAR TUS GASTOS

Imagínate esto: tienes tu propia economía en marcha. El dinero entra, el dinero sale, y tú eres el jefe a cargo de todo. Suena bien, ¿verdad? Pero incluso los jefes necesitan un plan para asegurarse de que van en la dirección correcta. Ahí es donde entra en juego un presupuesto. No es sólo una lista o un gráfico. Es tu plan de juego para ganar en la gestión del dinero. Vamos a desglosarlo en pasos y habilidades que te convertirán en un profesional del presupuesto antes incluso de que te des cuenta.

¿Qué es un presupuesto?

Piensa en un presupuesto como en un mapa de tus finanzas personales. Te muestra lo que ganas, lo que gastas y dónde puedes ahorrar. Es como tener una instantánea financiera que te ayuda a tomar decisiones sobre tu flujo de caja. ¿Por qué molestarse? Bueno, con un presupuesto puedes ver si gastas demasiado en videojuegos y no lo suficiente en ahorrar para esa patineta tan genial. Te ayuda a fijar tus límites de gasto y te muestra adónde va tu dinero cada mes.

Crear un presupuesto sencillo

Muy bien, ¿preparado para establecer tu propio presupuesto? Aquí tienes una forma sencilla de empezar:

1. **Haz un seguimiento de tu dinero**: Anota todo en lo que gastas dinero, no importa cuánto, durante una semana (o un mes). Esos caramelos y créditos de juegos online se acumulan.
2. **Ingresos frente a gastos**: Enumera tus fuentes de ingresos (tu paga, dinero por tareas, dinero por cumpleaños, etc.) y tus gastos (cosas en las que gastas dinero). Utiliza el registro de una semana como guía para tus gastos mensuales.
3. **Establece categorías**: Divide tus gastos en categorías como Necesidades, Deseos y Ahorros. Te ayudará a ver adónde va tu dinero.
4. **Asigna los fondos**: Decide cuánto dinero se destina a cada categoría. Como niño que aún no paga muchas de sus necesidades, podrías decidir poner el 50% en ahorros y gastar el 30% en deseos y el 20% en necesidades. A medida que crezcas, estos porcentajes cambiarán. También harás

ajustes basándote en lo que aprendas del seguimiento de tus gastos.

5. **Herramientas**: Utiliza una simple hoja de cálculo, una aplicación de presupuestos o el viejo papel y lápiz para mantenerlo organizado.

Ceñirte a un presupuesto

Ceñirte a un presupuesto puede parecer difícil, pero convertirlo en un hábito merece la pena. He aquí algunas formas de mantener el rumbo:

- **Revisiones semanales**: Una vez a la semana, dedica unos minutos a revisar tu presupuesto. Te ayudará a detectar pronto cualquier gasto excesivo, antes de que te salgas del camino.
- **Dinero de diversión**: Incluye siempre una categoría para el Dinero de Diversión. Es dinero que puedes gastar como quieras, sin sentimiento de culpa. Si sabes que lo tienes, te resultará más fácil ceñirte a las demás partes de tu presupuesto.
- **Recordatorios visuales**: Pon un gráfico o una foto de aquello para lo que estás ahorrando en un lugar donde lo veas todos los días. Te recordará por qué merece la pena ceñirte a tu presupuesto.
- **Compañero de cuentas**: Forma equipo con un amigo o familiar y compartan sus objetivos presupuestarios. Cumplir un plan es más fácil cuando sabes que alguien te apoya.

Ajustar tu presupuesto

Tu presupuesto no es inamovible. La vida cambia y tu presupuesto también debería hacerlo. Aquí tienes cuándo y cómo ajustarlo:

- **Revisiones periódicas**: Al final de cada mes, compara tu presupuesto previsto con lo que has gastado realmente. Busca patrones. Puede que estés gastando sistemáticamente más de la cuenta en un área o destinando demasiado a otra.
- **Cambios de vida**: ¿Tienes un aumento en tu paga? ¿O tal vez hay un nuevo gasto en el horizonte? Ajusta tu presupuesto para reflejar estos cambios.
- **Cambios de objetivos**: Si tus objetivos financieros cambian (por ejemplo, ahora ahorras para comprarte un ordenador en lugar de un hoverboard), actualiza tu presupuesto para que se ajuste a tus nuevas prioridades.
- **Prueba y error**: No dudes en experimentar con tu presupuesto. Puede que prefieras ahorrar un poco más para los deseos y un poco menos para las necesidades. Ajústalo, pruébalo y mira cómo te va.

Crear un presupuesto y ceñirse a él es un proceso dinámico. Encuentra lo que te funciona y modifícalo sobre la marcha. Con cada ajuste, aprenderás más sobre tus hábitos de gasto y sobre cómo gestionar mejor tu dinero. Recuerda que el objetivo no es restringir tus gastos, sino capacitarte para tomar decisiones inteligentes con tu dinero. Con un presupuesto sólido, no sólo planificas tus gastos, sino que planificas el éxito.

3.3 TÁCTICAS DEL COMPRADOR INTELIGENTE: SACA MÁS PARTIDO A TU DINERO

Así que tienes los ojos puestos en el premio: ese aparato épico que ha estado llamándote la atención. Pero, ¡espera! Antes de entregar el dinero que tanto te ha costado ganar, vamos a ponernos nuestros sombreros de detective y a investigar algunas tácticas para asegurarnos de que no sólo gastas sabiamente, sino que también sacas el máximo partido a tu dinero.

Comparar precios

En la era de internet, encontrar la mejor oferta es como una búsqueda del tesoro: emocionante, gratificante y a veces difícil. He aquí la clave: comprueba siempre en distintas tiendas (tanto en línea como en persona) el precio del artículo que quieres. Las aplicaciones y los sitios web pueden escanear una amplia gama de tiendas para mostrarte dónde encontrar la mejor oferta. A veces, la diferencia de precio puede ser reveladora. Puede que tengas que esperar un poco más para el envío o ir a otra tienda, pero el ahorro puede merecer la pena. Consejo: utiliza herramientas o aplicaciones de comparación de precios. Hacen el trabajo duro comparando los precios de varios sitios en tiempo real.

* Ejercicio: La próxima vez que vayas de compras, elige un artículo y compara su precio en al menos tres sitios distintos. Observa las diferencias y dónde encuentras la mejor oferta.

Comprender el valor

Un pequeño secreto: la mejor oferta no siempre es la opción más barata. Sorprendente, ¿verdad? Pero piénsalo: el valor es algo más que la etiqueta del precio. Se trata de lo que obtienes por tu dinero.

Un juguete puede ser más barato en una tienda, pero si es una versión de menor calidad que se romperá en una semana, ¿merece realmente la pena? Evaluar el valor significa fijarte en la durabilidad, la garantía y el uso que le vas a dar. A veces, pagar un poco más por adelantado por algo que dure más o proporcione más diversión es la decisión más inteligente.

Reflexión

Piensa en algo que compraste porque era barato y luego te arrepentiste de haberlo comprado. Ahora, piensa en una compra que fuera un poco más cara, pero que te pareciera que valía cada céntimo. ¿Qué marcó la diferencia?

Cupones y rebajas

Los cupones y las rebajas son como los códigos secretos de las compras. Pueden desbloquear ofertas y descuentos que hacen que tu dinero rinda más. He aquí cómo convertirte en un genio de los cupones:

- Vigila los ciclos de rebajas. Muchas tiendas tienen patrones predecibles para rebajar artículos u ofrecer ventas especiales. Después de las fiestas suele haber grandes descuentos.
- Con el permiso y la ayuda de tus padres, inscríbete en boletines y programas de fidelización. Puede que tu bandeja de entrada se llene un poco más, pero estarás al tanto de cupones exclusivos y alertas de rebajas.
- Utiliza aplicaciones y sitios web de cupones. Recopilan los cupones y códigos promocionales actuales en un solo sitio, lo que facilita encontrar descuentos para las tiendas que te gustan. Asegúrate de que tus padres están de acuerdo con el sitio antes de utilizarlo.

- Crea un organizador de cupones. Puede ser una simple carpeta o un documento digital donde lleves un registro de cupones, fechas de rebajas y códigos promocionales. Acostúmbrate a consultarlo antes de hacer una compra.

Calidad frente a cantidad

Existe un viejo debate: ¿es mejor tener muchas cosas que quizá no duren o unos pocos artículos realmente buenos? He aquí una reflexión: invertir en calidad significa comprar no tan a menudo, ya que tus cosas no se desgastan tan rápidamente. Es como elegir entre un par de zapatos baratos que se estropean a los pocos meses y un par más caro que dura años. A la larga, el par más caro es mejor. Además, es más respetuoso con el planeta. Menos residuos, menos desorden y más valor para ti.

Piensa en la experiencia de Alex. Decidió comprar una mochila de alta calidad en lugar de la opción más barata. Mientras sus amigos iban por la tercera o cuarta mochila dos años después, la de Alex seguía funcionando, como nueva. El precio inicial era más alto, pero el coste por uso era mucho menor.

Navegar por el mundo de las compras inteligentes es algo más que encontrar el precio más bajo. Cuando te conviertes en un gastador inteligente, sabes comparar precios, evaluar el verdadero valor de un producto, aprovechar las rebajas y los cupones, y elegir calidad en lugar de cantidad. Con estas tácticas en tu caja de herramientas, estarás invirtiendo tu dinero de la forma que te proporcione más alegría, uso y satisfacción. Recuerda, cada compra inteligente es un paso para convertirte en un consumidor más capacitado, informado y sabio.

3.4 EVITAR LAS COMPRAS IMPULSIVAS: PIENSA ANTES DE GASTAR

¿Has pasado alguna vez por delante de una tienda en la que un nuevo y reluciente aparato te ha llamado la atención, susurrándote dulces palabras como "¡cómprame ahora!"? Eso, amigos míos, es el canto de sirena de una compra impulsiva. Es esa cosa que no sabías que "necesitabas" hasta que la viste, y ahora, de repente, no puedes imaginar la vida sin ella. Pero aquí está el truco: la mayoría de las veces, estas compras acaban olvidadas, acumulando polvo o, peor aún, provocando una punzada de arrepentimiento. Naveguemos por este complicado terreno con algunas estrategias inteligentes.

¿Qué son las compras impulsivas?

Las compras impulsivas son como esos ataques furtivos de snacks. Ocurren rápidamente, impulsadas por la emoción más que por la necesidad o la planificación. En un momento estás bien, y al siguiente estás deseando gastar en algo que ni siquiera tenías en mente. Estas compras pueden ser problemáticas porque se comen tu presupuesto, dejando menos para lo que estás ahorrando.

La regla de las 24 horas

He aquí un truco ingenioso para combatir esos impulsos: la regla de las 24 horas. Es muy sencilla. Cuando sientas la atracción hacia una compra imprevista, haz una pausa y tómate un día entero para pensarlo. Esta breve pausa permite que el impulso inicial de "tengo que tenerlo" desaparezca, dándote tiempo para pensar si realmente lo quieres o lo necesitas. A menudo descubrirás que el impulso disminuye o que el artículo no era tan esencial como parecía ayer.

Establecer límites de gasto

Otra forma de controlar las compras impulsivas es establecer límites de gasto claros para las distintas categorías de compras. Esto significa decidir una cantidad concreta que te sientas cómodo gastando cada mes en cosas como ocio, ropa o comer afuera. Cuando alcances ese límite, no podrás gastar nada hasta el mes siguiente. Este límite te ayuda a ser consciente de tus gastos y a mantener tu presupuesto en el buen camino.

- Divide tu presupuesto en categorías.
- Asigna un límite de gasto mensual a cada categoría.
- Cíñete a estos límites y, si una categoría se agota, espera a que vuelvas a tener resto antes de comprar nada más.

Reflexión y arrepentimiento

¿Alguna vez has comprado algo por capricho y luego te has preguntado "por qué lo he comprado"? No eres el único. Reflexionar sobre compras impulsivas pasadas puede ser una forma poderosa de aprender y crecer. Tómate tiempo para pensar en las compras de las que te arrepientes, cómo te hicieron sentir después y qué podrías haber hecho de otra manera. No reflexiones sólo para castigarte. Aprende del pasado para poder tomar decisiones más inteligentes en el futuro.

- Lleva un pequeño diario o lista de las compras de las que te arrepientes y de por qué lo haces.
- Repasa esta lista cuando tengas la tentación de hacer una compra impulsiva.

Comprendiendo la naturaleza de las compras impulsivas, empleando la regla de las 24 horas, estableciendo límites de gasto firmes y reflexionando sobre los remordimientos del pasado, te equiparás con un sólido conjunto de herramientas para combatir esos impulsos de gasto del momento. Serás más intencionado con tu dinero, asegurándote de que cada compra añade un valor real a tu vida.

Al concluir esta exploración de las tácticas de gasto inteligente, recuerda que el poder está en tus manos (o en tu billetera). Las estrategias de las que hemos hablado son herramientas que te ayudarán a tomar decisiones que se ajusten a tus objetivos, valores y bienestar financiero. De cara al próximo capítulo, pasaremos del ahorro y el gasto al apasionante mundo de hacer crecer tu dinero. Piensa en ello como pasar de la defensa al ataque en el juego de la educación financiera. ¿Preparado para subir de nivel?

ACTIVIDAD DE REPASO DEL CAPÍTULO 3

Across:

1. Todas las cosas divertidas adicionales que te gustan, como juguetes, juegos o golosinas, pero que realmente no necesitas para vivir.

2. Tickets especiales que te permiten comprar cosas por menos dinero, como conseguir un dólar de descuento en tu helado favorito.

3. Lo bueno o resistente que es algo. A veces, gastar más en algo que dura más es más inteligente que comprar la opción más barata.

4. Es como un plan para gastar tu mesada o el dinero de tu cumpleaños para que puedas comprar cosas que necesitas, ahorrar algo y seguir divirtiéndote.

5. Planificación y tácticas utilizadas para gestionar los recursos financieros de manera eficaz.

6. Una pequeña herramienta o dispositivo genial, a menudo algo nuevo y divertido, como un smartphone o una consola de videojuegos.

Down:

1. Las cosas que debes tener cubiertas para vivir y estar seguro, como comida, un lugar donde vivir y ropa (pero no de lujo).

2. Dinero reservado para uso futuro o emergencias.

3. Cuando las tiendas bajan los precios de los artículos durante un tiempo, para que puedas conseguir las cosas que necesitas o quieres por menos dinero.

4. Un método para dividir el dinero en efectivo en categorías para gastar y ahorrar.

5. Comprar algo de repente sin pensarlo bien, como agarrar un chocolate mientras esperas en la cola de la tienda.

6. La acción de organizar o tratar algo según su importancia.

Respuestas en la pag 174

CAPÍTULO 4
CÓMO HACER CRECER TU DINERO
LA GUÍA DEL PRINCIPIANTE PARA INVERTIR

¿Por qué algunas personas parecen tener un toque mágico cuando se trata de dinero? Es como si tuvieran mano para las plantas, pero en lugar de cultivar tomates épicos, cultivan su dinero en efectivo. He aquí el secreto: no es magia, es inversión. Piensa en la inversión como plantar las semillas de tu dinero en diferentes macetas y verlas brotar y florecer en un exuberante jardín. ¿Intrigado? Indaguemos en la tierra de la inversión y descubramos cómo puedes empezar a cultivar tu jardín financiero hoy mismo.

4.1 ¿QUÉ ES INVERTIR? DINERO GENERANDO DINERO

Invertir es como subir de nivel en un videojuego. En lugar de guardar tu dinero bajo el colchón (o en una cuenta de ahorros donde crece lentamente), lo sacas al mundo donde puede trabajar más duro para ti. Cuando inviertes, compras cosas que crees que aumentarán de valor con el tiempo. Pueden ser partes de una empresa (acciones), préstamos que concedes (bonos) o incluso una cuenta de ahorros que te paga intereses. ¿El objetivo? Aumentar tu pila inicial de dinero sin tener que cortar más césped o cuidar a más niños.

Tipos de inversiones

Vamos a desglosar tus opciones de inversión:

- **Las acciones**: Comprar una acción significa que posees una pequeña porción de una empresa. Si la empresa va bien, tu porción se vuelve más valiosa. Imagina poseer una fracción de tu empresa de videojuegos favorita y obtener una parte de sus beneficios.
- **Bonos**: Son como pagarés del gobierno o de empresas. Tú les prestas dinero y ellos prometen devolvértelo con un pequeño extra añadido. Es como si tú fueras el banco y ellos te pidieran un préstamo.
- **Cuentas de ahorro**: No todas las inversiones requieren comprar acciones o bonos. Una cuenta de ahorro de alto rendimiento también vale. Es un lugar tranquilo y de bajo riesgo para que tu dinero crezca poco a poco.

Riesgo frente a recompensa

Ésta es una pieza crucial del rompecabezas: el equilibrio entre riesgo y recompensa. Invertir puede ser un poco como una montaña rusa. Las acciones pueden ofrecer grandes recompensas, pero también conllevan el riesgo de perder valor. Los bonos suelen ser más estables, pero crecen más despacio. Es como elegir entre un juego alocado e impredecible con puntuaciones altas y la posibilidad de perder puntos, o uno más lento y predecible en el que acumulas puntos de forma constante. La clave está en encontrar la mezcla adecuada que se adapte a tu comodidad con el riesgo y a tus sueños para el futuro.

La perspectiva a largo plazo

Invertir es un maratón, no un sprint. Juegas a largo plazo, dejando que tu dinero crezca durante años, incluso décadas. Piensa en un árbol que pasa de ser un retoño a un roble gigante. No ocurre de la noche a la mañana. Así funciona la inversión. Requiere paciencia y tiempo, pero la recompensa puede merecer la pena. No sólo estás ahorrando para dentro de un año. Estás creando un patrimonio que puede respaldar tus sueños en un futuro lejano.

Invertir tu dinero es un paso emocionante hacia la independencia financiera. Al comprender los conceptos básicos, como los distintos tipos de inversiones y el equilibrio entre riesgo y recompensa, estás sentando las bases de un futuro próspero. Estás haciendo que tu dinero trabaje para ti, haciendo crecer tu jardín financiero inversión a inversión. Así que toma tus herramientas financieras y empecemos a plantar esas semillas del dinero.

4.2 OPCIONES SENCILLAS DE INVERSIÓN PARA NIÑOS

Cuando piensas en invertir, puede que te imagines a gente trajeada negociando furiosamente con acciones en Wall Street. Pero, ¿adivina qué? Incluso de niño, tienes algunas opciones geniales para empezar a hacer crecer tu propia olla de oro. Vamos a correr el telón para ver algunas opciones de inversión que son aptas para niños y, a la vez, grandes oportunidades de aprendizaje.

Cuentas de ahorro con intereses

¿Viste esa alcancía que tienes en la estantería? Imagina que, cada mes, tuviera mágicamente un poco más de dinero sólo porque has estado guardando allí tus ahorros. Así funciona una cuenta de ahorro con intereses. Los bancos te recompensan por dejarles guardar tu dinero pagándote intereses, un porcentaje de tus ahorros. He aquí por qué es un primer paso sólido en el mundo de la inversión:

- **La seguridad:** Tu dinero está super seguro en un banco. Incluso si el banco tuviera problemas, el seguro cubre tu dinero en efectivo hasta una determinada cantidad.
- **Fácil acceso:** ¿Necesitas echar mano de tus ahorros? No hay problema. Puedes acceder a tu dinero fácilmente, lo que es estupendo para gastos inesperados o cuando por fin has ahorrado lo suficiente para esa gran compra.
- **Aprender a ahorrar:** Ver crecer tu saldo con los intereses puede ser una gran motivación para ahorrar más. Es como si te pagaran por ser inteligente con tu dinero.

Certificados de depósito (CD)

Piensa en los CD como un billete especial que compras para un viaje en el que crece el dinero. Cuando adquieres un certificado de depósito, le dices al banco: "oye, puedes utilizar mi dinero durante un tiempo". A cambio, te prometen pagarte más intereses que en una cuenta de ahorro normal. ¿El truco? Te comprometes a no tocar tu dinero durante un periodo determinado, como seis meses o un año. He aquí algunas razones por las que los CD pueden ser increíbles:

- **Tasas de interés más altas:** Como aceptas dejar tu dinero tranquilo durante un tiempo, los bancos te pagan más intereses.
- **Opciones de tiempo:** Puedes elegir cuánto tiempo quieres inmovilizar tu dinero en función del tiempo que creas que puedes esperar.

- **Seguros y predecibles**: Los CD son una apuesta segura. Sabes exactamente cuánto dinero tendrás al final, sin sorpresas.

Aspectos básicos de la Bolsa

Poseer una parte de una empresa puede sonar a gran negocio, pero en realidad es algo que también pueden hacer los niños. Cuando compras acciones, obtienes una pequeña parte de una empresa. Si la empresa va bien, tu trozo del pastel puede aumentar de valor. Aquí tienes los beneficios:

- **La propiedad**: Comprar acciones significa que posees una pequeña fracción de esa empresa. Eres como el propietario de una miniempresa.
- **Potencial de crecimiento**: Si la empresa crece, también lo hace el valor de tus acciones. Algunas personas han hecho crecer mucho su dinero eligiendo las acciones adecuadas.
- **Oportunidad de aprendizaje**: Seguir tus acciones puede enseñarte mucho sobre las empresas, cómo ganan dinero y qué las hace crecer.

Aplicaciones de inversión para principiantes

En el mundo digital actual, hay aplicaciones para casi todo, incluida la inversión. Algunas aplicaciones estupendas están diseñadas sólo para principiantes e incluso te permiten practicar la inversión sin utilizar dinero real. De este modo, puedes hacerte una idea de cómo funciona la inversión sin ningún riesgo. Por qué estas aplicaciones son geniales:

- **Inversión simulada**: Muchas aplicaciones ofrecen una experiencia de inversión simulada, dándote dinero ficticio para invertir en acciones reales y ver cómo les va.

- **Herramientas educativas**: Estas aplicaciones están repletas de tutoriales, artículos y cuestionarios para ayudarte a aprender los entresijos de la inversión.
- **Práctica real**: Al utilizar un entorno simulado, puedes practicar comprando y vendiendo acciones, todo ello basado en datos reales del mercado, lo que es genial para empezar a mojarse los pies en el mundo de la inversión.

Sumergirse en la inversión puede parecer como saltar a lo más profundo, pero con estas opciones aptas para niños, en realidad estás vadeando las aguas poco profundas donde es seguro aprender y hacer crecer tu dinero. Desde la constante subida de los intereses de las cuentas de ahorro y los certificados de depósito hasta el apasionante mundo de las acciones y las aplicaciones de inversión simulada, hay todo un paisaje de oportunidades ahí fuera. ¿Quién iba a decir que podrías divertirte tanto viendo crecer tu dinero?

4.3 RIESGOS Y RECOMPENSAS: LA BALANZA DE LA INVERSIÓN

Invertir tu paga o el dinero de tu cumpleaños es diferente de comprar un nuevo videojuego o un monopatín. Cuando decides invertir, te subes a un balancín de riesgos y recompensas. Estas puntas del balancín se basan en las decisiones que tomes, y comprender cómo equilibrarlas forma parte de convertirse en un inversor inteligente.

Comprender la volatilidad

En primer lugar, volatilidad es un gran concepto que aparece a menudo cuando se habla de invertir. En pocas palabras, significa que el precio de tu inversión puede saltar arriba y abajo como un canguro en un trampolín. Un día, tu inversión en una empresa tecnológica genial puede subir, haciéndote sentir millonario, y al día siguiente, puede bajar, haciendo que se te hunda el corazón.

¿Por qué ocurre esto? Porque hay muchas cosas que afectan a los precios de las inversiones, como lo bien que le va a la empresa, los cambios en la economía o incluso las noticias. Imagina que una empresa de videojuegos anuncia el lanzamiento de un nuevo juego. La gente se emociona y quiere comprar más acciones, y el precio sube. Pero si algo sale mal, por ejemplo, un fallo en el juego que retrase el lanzamiento, el precio puede bajar.

Diversificación

Para evitar poner demasiada tensión en nuestro balancín con la volatilidad, utilizamos una estrategia llamada diversificación. Puede sonar complicado, pero no es más que una forma elegante de decir: "no pongas todos los huevos en la misma cesta". Si sólo inviertes en una cosa, como una sola acción u obligación, y ésta cae en picada, podrías perder mucho. Pero si repartes tu dinero entre distintos tipos de inversiones, es menos probable que sientas un gran golpe si una no va bien.

Piénsalo así: en lugar de ahorrar sólo para ese gran y caro video-juego, compra también un par de juegos más pequeños y baratos. Si el gran juego resulta ser un fiasco, no te sientes tan desanimado porque tienes otros juegos con los que disfrutar. Lo mismo ocurre con las inversiones. Tener una mezcla -algunas acciones, algunos bonos, tal vez un poco en una cuenta de ahorros- puede hacer que tu dinero crezca de forma constante, incluso si una inversión no tiene el rendimiento esperado.

Investigar antes de invertir

Antes de sumergirte en cualquier inversión, hacer los deberes es clave. Esto significa dedicar tiempo a investigar en qué estás pensando poner tu dinero. Es un poco como cuando estás pensando en comprar el próximo gran juego. Lees críticas, ves vídeos del juego e incluso compruebas lo que dicen otros jugadores en internet.

Con la inversión, es parecido. Examinarías cómo ha ido la inversión en el pasado, qué dicen los expertos sobre su futuro y cualquier noticia que pudiera afectar a su rendimiento. Es importante porque cuanto más sepas, mejores decisiones tomarás. Claro que lleva un poco más de tiempo, pero merece la pena para hacer crecer tu dinero y evitar caídas inesperadas del valor de tu inversión.

El papel de la paciencia

Por último, hablemos de nuevo de la paciencia. Si la inversión tuviera un mejor amigo, sería la paciencia. Hacer crecer tu dinero invirtiendo no será un camino rápido para hacerte rico. Tendrás que poner la vista en el horizonte y esperar a que tus inversiones maduren con el tiempo.

Los mercados suben y bajan. Eso es lo que hacen. Pero a largo plazo, tienden a subir más de lo que bajan. Eso significa que si eres paciente y te mantienes firme en tus inversiones, y no te dejas llevar por el pánico cuando las cosas parecen un poco turbulentas, hay muchas posibilidades de que tu dinero crezca.

Así que recuerda, invertir es más parecido a hacer crecer un árbol que a eliminar a un jefe de un videojuego. Los árboles tardan en crecer altos y fuertes, y lo mismo ocurre con tu inversión. El truco está en regarlo (con aportaciones regulares), protegerlo de las plagas (no tomando decisiones precipitadas cuando el mercado baja) y darle tiempo para que crezca. Verás florecer tu jardín monetario con paciencia, convirtiendo esas semillas iniciales en un frondoso tapiz de bienestar financiero.

Al final, equilibrar el vaivén de riesgos y beneficios en la inversión es una habilidad que crece contigo. Cuanto más entiendas la volatilidad, la importancia de la diversificación, el poder de la investigación y el valor de la paciencia, más preparado estarás para hacer que tu dinero trabaje duro para ti. Y aunque invertir tiene sus altibajos, adoptar estos conceptos te ayudará a navegar por el camino del crecimiento financiero con confianza y astucia.

4.4 FUTUROS HÉROES FINANCIEROS: HISTORIAS DE NIÑOS INVERSORES

En un mundo en el que los niños están haciendo grandes olas, destaquemos a algunos jóvenes inversores que han convertido su dinero de bolsillo en impresionantes carteras. Estas historias son modelos para los genios financieros principiantes de todo el mundo. Cada narración da vida a los altibajos de la inversión desde la perspectiva de un niño, ofreciendo valiosas ideas e inspiración.

Historia de dos hermanos: El puesto de limonada de Ella y Max

Ella y Max, un dinámico dúo de hermana-hermano de 10 y 12 años, decidieron invertir las ganancias de su puesto de limonada en acciones. Eligieron empresas que conocían y amaban, como los fabricantes de sus videojuegos y snacks favoritos. No todo fue coser y cantar. Una de las empresas elegidas sufrió una caída, lo que provocó que bajaran sus acciones. Pero aguantaron, aprendiendo pronto que el mercado tiene días buenos y malos. Con el tiempo, su paciencia dio sus frutos, enseñándoles la lección fundamental de superar las malas rachas para acabar ganando.

- **Lección aprendida**: Incluso cuando el mercado parece sombrío, la perseverancia puede conducir a dulces recompensas.
- **Consejo**: "Invierte en lo que conoces y amas. Hace que los altibajos sean más cercanos", dice Ella.

De la alcancía a la cartera: El viaje de Sarah

A los 8 años, Sarah recibió como regalo unas cuantas acciones de un gigante tecnológico. Intrigada por la idea de poseer una parte de una gran empresa, empezó a hacer tareas domésticas y a ahorrar el dinero de su cumpleaños para comprar más acciones. A los 14 años, Sarah había diversificado su cartera para incluir acciones de energías renovables y sanitarias. Se enfrentó a desafíos, como cuando una acción se desplomó debido a un escándalo inesperado. Sin embargo, el enfoque diversificado de Sarah hizo que su cartera general se mantuviera fuerte.

- **Lección aprendida**: La diversificación es como una red de seguridad, que te mantiene firme cuando caen las inversiones individuales.
- **Consejo**: "No pongas todos los huevos en la misma cesta. Repártelos", aconseja Sarah.

El inversor accidental: La historia de Liam

Liam empezó a invertir a los 9 años, cuando hizo clic por error en un anuncio de una aplicación que ofrecía operaciones bursátiles virtuales. Con la ayuda de sus padres, empezó a explorar el mundo de las inversiones bursátiles simuladas, utilizando dinero virtual para comprar y vender. Este entorno seguro y sin riesgos fue el patio de recreo perfecto para que Liam aprendiera los entresijos del mercado de valores, enseñándole valiosas lecciones sobre investigación, sincronización y tendencias del mercado sin sufrir pérdidas en el mundo real.

- **Lección aprendida**: Empezar con inversiones simuladas puede ser una forma fantástica y sin riesgos de aprender.
- **Consejo**: "Utiliza aplicaciones de trading virtual para practicar. Es como un videojuego, pero aprendes a invertir", sugiere Liam.

Empezar pequeño, soñar en grande: La sabiduría colectiva

Estas historias subrayan un poderoso mensaje: comenzar tu viaje de inversión no requiere una fortuna. Con unos pocos dólares y una pizca de curiosidad, cualquier niño puede emprender el camino para convertirse en inversor. La clave es empezar poco a poco, ser paciente y seguir aprendiendo. Aquí tienes un resumen de consejos de nuestros jóvenes inversores:

- **Comprende en qué estás invirtiendo**: Tómate tu tiempo para informarte sobre las empresas o productos en los que quieres invertir.
- **La paciencia merece la pena**: No esperes tener éxito de la noche a la mañana. Invertir es jugar a largo plazo.
- **Acepta los errores**: Cada paso en falso es una oportunidad de aprendizaje. Reflexiona sobre lo que salió mal y cómo puedes mejorar.
- **Que sea divertido**: Elige inversiones en empresas o sectores que te interesen de verdad. Hace que el proceso sea agradable y personal.
- **Busca consejos**: No seas tímido a la hora de pedir consejo a tus padres, profesores o asesores financieros. Un poco de orientación puede ser muy útil.

Al entrelazar estos hilos de sabiduría, queda claro que invertir no es sólo para adultos con grandes cuentas bancarias. Es un ámbito en el que los niños curiosos, armados con un poco de conocimiento y mucha determinación, pueden prosperar y hacer crecer su futuro financiero.

Al concluir este capítulo, recuerda que el mundo de la inversión es vasto y variado, y ofrece infinitas oportunidades a quienes están dispuestos a explorar. De las historias de Ella, Max, Sarah y Liam, recogemos no sólo inspiración, sino también estrategias prácticas para embarcarnos en nuestras propias aventuras inversoras. Ya sea mediante la compra directa de acciones, la simulación de aplicaciones de inversión o empezando con una simple cuenta de ahorros, el viaje hacia el crecimiento financiero comienza con un solo paso. De cara al futuro, llevemos adelante las lecciones aprendidas, los consejos compartidos y la innegable verdad de que la edad es sólo un número en el mundo de la inversión. El próximo capítulo aguarda, prometiendo nuevos paisajes financieros por los que navegar y conquistar.

CAPÍTULO 5
LA CRÓNICA DEL CRÉDITO
NAVEGANDO SABIAMENTE POR EL MUNDO DE LOS PRÉSTAMOS

Imagina que estás en tu sala de arcade favorita. Has jugado a todos los juegos que se te dan bien, acumulando puntos como un profesional. Ahora, estás mirando el gran premio de la vitrina, pero tus puntos se quedan cortos. Aquí es donde entra en juego el crédito en sala de arcade de la vida. En lugar de puntos, estás tratando con dinero real. El crédito puede ser ese puente para alcanzar antes lo que deseas, ya sea una bicicleta nueva, una educación universitaria o tu primer coche. Pero, como en cualquier juego de arcade, hay reglas que seguir para ganar.

5.1 LOS FUNDAMENTOS DEL ENDEUDAMIENTO: DEUDA BUENA VS. DEUDA MALA

El crédito es esencialmente un sistema fiduciario. Es una forma de pedir dinero prestado con la promesa de devolverlo más tarde, a menudo con intereses. Piensa en ello como si un amigo te prestara dinero para comprar un juego hoy porque no tienes suficiente efectivo a mano, y te comprometieras a devolvérselo después de tu próxima paga. En este caso, el amigo es un banco o una entidad de crédito, y te cobrará por el servicio.

Deuda buena vs. deuda mala

No todas las deudas son iguales. De hecho, algunas pueden jugar a tu favor.

- **Deuda buena**: Es la que puede ayudarte a avanzar en la vida. Por ejemplo, pedir un préstamo para la universidad se considera una deuda buena. Es una inversión en tu educación, que puede conducirte a mejores oportunidades de trabajo e ingresos en el futuro. Otro ejemplo podría ser la hipoteca de una casa, cuyo valor suele aumentar con el tiempo.
- **Deuda mala**: Este tipo suele ser el resultado de comprar cosas que no aumentarán de valor y que no te puedes permitir. Las deudas de tarjetas de crédito con intereses elevados por comprar los últimos artilugios o ropa de diseño entran en esta categoría. Estos artículos no te hacen ganar dinero con el tiempo e incluso pueden perder valor en el momento en que los compras.

El coste del crédito

Pedir dinero prestado no es gratis. El coste adicional viene en forma de intereses, que pueden acumularse más rápido de lo que esperas. La tasa de interés, a menudo un porcentaje, es lo que te cobran los prestamistas por pedir dinero prestado. Es como pagar un alquiler por el dinero que te prestan.

- Por ejemplo, si pides un préstamo de $100 con una tasa de interés anual del 10%, deberás $110 al final del año. Si no pagas un préstamo rápidamente, los intereses pueden hacer que la cantidad total que debes aumente cada vez más.

Construir un historial crediticio positivo

Empezar pronto a construir un buen historial crediticio puede abrirte puertas en el futuro. He aquí cómo prepararte para el éxito crediticio:

- **Paga siempre a tiempo**: Esta es la regla de oro. Los retrasos en los pagos pueden dañar tu puntuación crediticia, haciendo más difícil y caro pedir dinero prestado en el futuro.
- **Empieza poco a poco**: Una tarjeta de crédito con un límite bajo o un pequeño préstamo, pagado regularmente, puede ayudarte a empezar a construir un buen historial crediticio.

- **Mantente por debajo de tu límite**: Intenta no llevar al máximo tus tarjetas de crédito. Utilizar una pequeña parte de tu crédito disponible se ve mejor en tu informe crediticio.
- **Controla tu crédito**: Conoce tu puntuación crediticia y consulta tu informe de crédito. De este modo, podrás detectar cualquier error y comprender cómo tu comportamiento con el dinero afecta a tu crédito.

Cuestionario sobre la responsabilidad de la deuda

Responde a este cuestionario para ver hasta qué punto entiendes los conceptos de deuda buena y mala, tasas de interés y conceptos básicos del crédito. Cada pregunta te da información y consejos para mejorar tu capacidad para pedir préstamos.

1. ¿Qué es la deuda?

A. Dinero que encuentras en la calle.
B. Dinero que ganas con un trabajo.
C. Dinero que te presta otra persona y que tienes que devolver.
D. Dinero que guardas en una alcancía.

Respuesta: La deuda es dinero que pides prestado a otra persona, como un banco o un amigo, y que tienes que devolver más tarde, a menudo con un dinero extra llamado interés. (Respuesta C)

Comentarios y consejos: Recuerda que los préstamos deben hacerse con prudencia. Pregúntate siempre si lo que vas a pedir prestado es necesario o si puede esperar hasta que tengas suficiente dinero ahorrado.

2. ¿Puede ser buena la deuda?

A. No, porque siempre es malo deber dinero.
B. Sí, cuando lo utilices para comprar todos los videojuegos que quieras.
C. Sí, cuando se utiliza para algo que te beneficia a largo plazo.
D. No, porque nunca debes gastar dinero.

Respuesta: Sí, la deuda puede ser buena cuando se utiliza para algo que te beneficiará a largo plazo, como educación que te ayude a conseguir un trabajo mejor. (Respuesta C)

Comentarios y consejos: Piensa en una buena deuda como una inversión en tu futuro. Pero ten cuidado. Pide prestado sólo lo que necesites y puedas devolver cómodamente.

3. ¿Qué es una deuda mala?

A. Pedir un préstamo para comprar una casa.
B. Dinero prestado para cosas que pierden valor rápidamente.
C. Pedir un préstamo para la educación.
D. Ahorrar dinero en un banco.

Respuesta: Las deudas malas se refieren al dinero prestado para cosas que pierden valor rápidamente o que no proporcionan un rendimiento de tu inversión, como gastar en juguetes o en unas vacaciones lujosas. (Respuesta B)

Comentarios y consejos: Antes de hacer una compra con dinero prestado, considera si es algo que realmente necesitas o si hay una alternativa más barata.

4. ¿Qué son las tasas de interés?

A. Tarifa que pagas por utilizar un carrito de compra.
B. El porcentaje adicional del dinero prestado que pagas al prestamista.
C. El ritmo al que aumenta tu dinero de bolsillo.
D. Un tipo de medida que se utiliza en las recetas de cocina.

Respuesta: Las tasas de interés son el porcentaje de la cantidad prestada que tienes que pagar extra al prestamista por permitirte utilizar su dinero. (Respuesta B)

Comentarios y consejos: Busca siempre la tasa de interés más baja cuando pidas dinero prestado. Siempre tendrás que pagar más de lo que pediste prestado, pero las tasas más altas significan que tendrás que pagar aún más.

5. ¿Cómo funciona el crédito?

A. Utilizando sólo dinero en efectivo para las compras.
B. Te permite pedir dinero prestado o comprar cosas con la promesa de pagarlo más adelante.
C. Funciona como por arte de magia.
D. Tienes dinero ilimitado.

Respuesta: El crédito te permite pedir dinero prestado para comprar cosas con la promesa de devolver el dinero más adelante. Un buen crédito significa que se confía en que devolverás el dinero a tiempo. (Respuesta B)

Comentarios y consejos: Devuelve siempre a tiempo el dinero prestado para construir un buen crédito. Esto demuestra a los prestamistas que eres responsable con el dinero.

6. ¿Qué ocurre si no pagas las deudas?

  A. Puedes enfrentarte a comisiones adicionales, tasas de interés más altas y una puntuación crediticia más baja.
  B. Obtienes una recompensa.
  C. No ocurre nada.
  D. Recibes más dinero.

Respuesta: No devolver una deuda puede conllevar comisiones adicionales, tasas de interés más altas y una puntuación crediticia más baja. Esto significa que será más difícil pedir dinero prestado en el futuro. (Respuesta A)

Comentarios y consejos: Si tienes problemas para pagar una deuda, habla inmediatamente con el prestamista para discutir tus opciones. Tal vez puedan ayudarte con un plan de pagos.

7. ¿Por qué es importante hacer un presupuesto cuando tienes deudas?

  A. Porque es un pasatiempo divertido.
  B. Te ayuda a gestionar tus gastos para asegurarte de que puedes pagar tus deudas.
  C. El presupuesto no es importante.
  D. Aumenta tu deuda.

Respuesta: Hacer un presupuesto te ayuda a controlar tus gastos y a asegurarte de que tienes dinero suficiente para pagar tus deudas y, al mismo tiempo, cubrir tus otros gastos. (Respuesta B)

Comentarios y consejos: Empieza un presupuesto sencillo haciendo una lista de tus ingresos y gastos. Esto te ayudará a ver adónde va tu dinero y a encontrar formas de ahorrar.

8. ¿Qué es una cuenta de ahorro y cómo puede ayudar con las deudas?

A. Un tipo de juego.
B. Un libro donde anotar tus deudas.
C. Una herramienta para crear más deuda.
D. Un lugar donde guardar tu dinero que genera intereses y puede ayudarte a evitar deudas.

Respuesta: Una cuenta de ahorro es un lugar donde guardar tu dinero que genera intereses con el tiempo. Tener ahorros puede ayudarte a evitar las deudas, dándote un colchón para gastos imprevistos. (Respuesta D)

Comentarios y consejos: Intenta ahorrar regularmente una pequeña parte de tu paga o dinero de regalos. Con el tiempo, esto puede crecer y ayudarte a pagar grandes compras sin endeudarte.

9. ¿Cómo puedes evitar las deudas malas?

A. Gastando todo tu dinero rápidamente.
B. Pensando detenidamente antes de pedir prestado y planificando cómo devolverlo.
C. Pidiendo prestado todo el dinero posible.
D. Escondiendo tu dinero.

Respuesta: Puedes evitar las deudas incobrables pensando detenidamente antes de pedir dinero prestado, considerando si realmente necesitas aquello para lo que lo pides y planificando cómo lo devolverás. (Respuesta B)

Comentarios y consejos: Pregúntate siempre: "¿es algo que necesito o sólo algo que quiero?". Si es sólo un deseo, es mejor ahorrar para ello en lugar de endeudarse.

10. ¿Qué debes hacer antes de endeudarte?

A. Díselo a todos tus amigos.
B. Investiga y comprende las condiciones, y asegúrate de que puedes permitirte devolverlo.
C. Gasta todo tu dinero actual.
D. Duerme la siesta.

Respuesta: Antes de contraer una deuda, investiga y entiende las condiciones, como la tasa de interés y el calendario de pagos. Asegúrate de que puedes pagarla a tiempo. (Respuesta B)

Comentarios y consejos: Hablar con un adulto de confianza sobre tu plan de pedir dinero prestado puede darte una nueva perspectiva y ayudarte a tomar una decisión inteligente sobre endeudarte.

Lista de control para unos hábitos crediticios saludables

* Paga las facturas a tiempo, siempre.
* Mantén los saldos de las tarjetas de crédito muy por debajo de tus límites de crédito.
* Sólo solicita un crédito cuando sea absolutamente necesario.
* Comprueba regularmente la exactitud de tu informe crediticio (pide a un adulto que te ayude a hacerlo).
* Infórmate sobre las condiciones financieras y los derechos como prestatario.

Construir una relación positiva con el crédito no tiene por qué ser desalentador. Comprendiendo los conceptos básicos de los préstamos, distinguiendo entre deudas buenas y malas, y adoptando hábitos crediticios saludables desde el principio, podrás navegar por el mundo del crédito como un profesional. Recuerda que, si se utiliza con prudencia, el crédito puede ser una poderosa herramienta para alcanzar tus objetivos financieros.

5.2 LOS PELIGROS DE LA DEUDA: POR QUÉ TENER CUIDADO

Navegar por el mundo del crédito es como jugar a un juego cuyas reglas cambian constantemente. Es emocionante y puede ser gratificante, pero hay trampas que pueden hacerte tropezar fácilmente si no estás atento. Comprender estas trampas es crucial para jugar este juego de manera inteligente y mantenerte en el camino hacia el bienestar financiero. Incluso si actualmente no estás pidiendo dinero prestado, comprender estos peligros desde el principio es importante. Cuando estés preparado para aventurarte por tu cuenta, tendrás ventaja y podrás sortear fácilmente los errores financieros que podrían atrapar a tus compañeros.

Interés compuesto de la deuda

En primer lugar, hablemos de cómo el interés compuesto puede convertir una pequeña deuda en una montaña. A diferencia del interés de una cuenta de ahorros, que trabaja a tu favor, el interés de las deudas puede convertirse rápidamente en tu adversario. Imagina que debes dinero en una tarjeta de crédito. Cada mes, se añaden intereses a tu saldo pendiente. Al mes siguiente, debes intereses sobre el nuevo saldo, que ahora incluye los intereses del mes anterior. Si sólo haces los pagos mínimos, este ciclo puede hacer que la cantidad que debes crezca sin control.

Míralo de este modo: si tu deuda es una bola de nieve rodando colina abajo, el interés compuesto es la nieve en el suelo, que hace que esa bola sea cada vez más grande a medida que rueda.

Trampas de las tarjetas de crédito

Las tarjetas de crédito, aunque útiles, están cargadas de trampas para los incautos. La comodidad y las recompensas que ofrecen pueden ser tentadoras, pero vienen con ataduras. Nunca es demasiado pronto para aprender cómo funcionan.

- **Pagos mínimos**: Pagar sólo el pago mínimo cada mes puede parecer un alivio para tu billetera, pero es una lenta sangría para tu salud financiera. Esta práctica alarga tu deuda durante años, inflando la cantidad total que pagas debido al interés compuesto.
- **Tasas de interés elevadas**: Las tarjetas de crédito suelen tener tasas de interés más altas que otras formas de deuda. Esta tasa puede aumentar aún más si te saltas un pago o tu cuenta no está al día.
- **Comisiones y penalizaciones**: Las comisiones por demora, las cuotas anuales y los recargos por superar tu límite de crédito pueden acumularse, mermando tu presupuesto.

Gestión de la deuda existente

Esperemos que evites el estrés de endeudarte mientras eres joven, porque enfrentarse a un montón de deudas puede ser como enfrentarse a un dragón en su guarida. Sin embargo, con un enfoque estratégico, puedes domar a la bestia si alguna vez te encuentras en esta situación.

He aquí algunas estrategias:

- **Método de la bola de nieve**: Céntrate en pagar primero tus deudas más pequeñas mientras realizas pagos mínimos en las demás. Una vez saldada la deuda más pequeña, pasa a la siguiente más pequeña, y así sucesivamente. Este método puede crear impulso y una sensación de logro.

- **Método de la avalancha**: Alternativamente, afronta primero las deudas con las tasas de interés más altas, independientemente del saldo. Este método puede ahorrarte dinero a largo plazo al reducir la cantidad de intereses que pagarás.

- **Negociar las condiciones**: Ponte en contacto con tus acreedores para hablar de condiciones de pago más favorables. Puede que te sorprenda su disposición a colaborar contigo en tiempos difíciles.

El impacto de la deuda en los objetivos financieros

La deuda no sólo afecta a tus finanzas actuales. También puede frenar tus sueños futuros. Ya sea comprar una casa, viajar o montar un negocio, las deudas pueden desviar fondos que de otro modo se destinarían a estos objetivos. Es como intentar llenar un cubo de agua cuando hay un agujero en el fondo. Por mucha agua que le eches, parece que nunca avanzas.

- Piensa en tus objetivos financieros como los lugares a los que quieres ir en un mapa. La deuda es el desvío que te aparta de la ruta planeada, dificultándote el inicio de tu viaje.

Recuerda, la deuda no es intrínsecamente mala. Si se utiliza con prudencia, es una herramienta que puede ayudarte a conseguir tus objetivos. Sin embargo, exige respeto y comprensión. Reconociendo los peligros de la deuda, puedes navegar con confianza por el panorama crediticio, manteniendo tu futuro financiero brillante y a tu alcance.

5.3 TARJETAS DE CRÉDITO PARA NIÑOS: LO QUE DEBES SABER

Navegar por el mundo del gasto no sólo implica saber cuánto dinero tienes en la alcancía o en la cuenta de ahorros. En la sociedad actual del "desliza y listo", entender la diferencia entre tarjetas de débito y de crédito es como aprender a leer un nuevo idioma, que puede afectar significativamente a tu salud financiera si no lo entiendes bien.

Débito frente a crédito

Probablemente hayas visto a adultos deslizando o apoyando sus tarjetas en las tiendas sin intercambiar nada de dinero en efectivo. La mayoría de las veces, utilizan uno de los dos tipos de tarjetas: de débito o de crédito. He aquí cómo se comparan:

- Las tarjetas de débito son líneas directas a tu cuenta bancaria. Piensa en ellas como llaves digitales que abren tu propia caja fuerte. El coste se deduce de tu cuenta inmediatamente cuando compras algo. Es como tener una billetera invisible que guarda exactamente lo que tienes, ni más ni menos.
- Las tarjetas de crédito, sin embargo, son más como pedir un préstamo por cada compra que haces. El banco paga a la tienda por ti, y tú te comprometes a devolver el dinero al banco. El problema es que no gastas tu dinero. Gastas el dinero del banco, que te cobrará intereses si no se lo devuelves a tiempo.

Aprender a utilizar una tarjeta de débito puede ser un gran primer paso en el mundo de la independencia financiera. Te ayuda a practicar gastando sólo lo que tienes, que es una regla de oro para unas finanzas sanas.

Tarjetas de crédito prepagas para practicar

Antes de zambullirte en el océano del crédito, quizá te convenga sumergirte en una piscina menos profunda. Las tarjetas de crédito prepagas. Son herramientas fantásticas para aprender a gestionar una tarjeta de crédito sin riesgo de endeudarte. He aquí por qué:

- Cargas tarjetas prepagas con una cantidad de dinero determinada. Una vez que se acaba, ya está. No puedes gastar más hasta que recargues la tarjeta.
- Las tarjetas prepagas imitan la experiencia de utilizar una tarjeta de crédito, incluidas las compras por Internet, sin el peligro de gastar por encima de tus posibilidades.
- Son estupendas para practicar la elaboración de presupuestos. Sólo puedes gastar lo que hay en la tarjeta, lo que facilita el seguimiento y el control de tus gastos.

Entender las condiciones de las tarjetas de crédito

Los contratos de las tarjetas de crédito pueden parecer escritos en un lenguaje antiguo y místico. Aquí tienes una rápida decodificación de algunos de los términos con los que te encontrarás:

- La TPA (Tasa de Porcentaje Anual) muestra el tipo de interés de todo un año, no sólo de un mes. Es lo que te cobrará el banco por prestarte su dinero.
- Tu límite de crédito es la cantidad máxima que puedes pedir prestada con la tarjeta. Superar este límite suele conllevar comisiones adicionales.
- Los recargos por demora son lo que pagas si se te pasa el plazo de tu pago mensual. Pueden acumularse y dañar tu puntuación crediticia, así que procura pagar siempre a tiempo.

Si entiendes estos términos, estarás mejor preparado para elegir y utilizar una tarjeta de crédito con prudencia, asegurándote de que se convierte en una herramienta para construir tu futuro financiero, no en una trampa.

Prácticas crediticias seguras

Tener en cuenta algunos consejos de seguridad puede hacer que una tarjeta de crédito deje de ser un posible dolor de cabeza y se convierta en una útil herramienta financiera:

- Utilízala sólo para compras que puedas permitirte. Si no puedes comprar algo con el dinero que tienes ahora, piénsatelo dos veces antes de cargarlo a tu tarjeta de crédito.
- Procura pagar siempre el saldo total cada mes. Así evitarás pagar intereses y mantendrás sana tu puntuación crediticia.
- Controla tus gastos. Comprueba regularmente tu cuenta en internet para asegurarte de que no te acercas a tu límite de crédito y para detectar cualquier actividad sospechosa.
- Saber cuándo decir no. Que tengas un límite de crédito no significa que tengas que utilizarlo. Trata el uso de tu tarjeta de crédito con la misma precaución y consideración que el gasto de dinero físico.

Navegar con éxito por el crédito se reduce a comprender las herramientas que tienes a tu disposición, establecer límites claros para ti mismo y aspirar siempre a prácticas que impulsen, en lugar de quebrantar, tu salud financiera. Con estos principios en la mano, incluso los gastadores más jóvenes pueden empezar a construir un historial crediticio que les abra las puertas a un futuro financiero saludable.

5.4 CONSTRUIR UN BUEN CRÉDITO: EMPEZAR TEMPRANO

Tener una puntuación crediticia sólida es como tener una llave que puede abrir numerosas puertas en tu futuro. Te permite pedir dinero prestado para grandes compras más adelante, te allana el camino para conseguir ese apartamento que tanto te ha gustado e incluso convence a posibles empleadores que podrían comprobar tu crédito como parte del proceso de contratación. Exploremos algunas medidas inteligentes que puedes tomar para empezar a construir una base crediticia sólida desde el principio.

Cuentas cofirmadas: Un esfuerzo de equipo

Entrar en el juego del crédito puede ser complicado sin un historial que demuestre que eres una apuesta segura. Aquí es donde entra en juego tener una cuenta cofirmada. Se trata de asociarse con alguien que ya ha establecido un buen crédito, como un padre o tutor, para abrir una cuenta. Su reputación crediticia da a los prestamistas la confianza para arriesgarse contigo. Utilizando esta cuenta de forma responsable -piensa en pagos puntuales y gastos inteligentes- empezarás a construir tu historial crediticio. Se trata de una asociación, así que recuerda que cualquier error no sólo afecta a tu crédito, sino también al de tu cofirmante. La comunicación y la responsabilidad son fundamentales.

Informar de los pagos de alquileres y servicios públicos: Créditos cotidianos

Puede que no lo sepas, pero los pagos regulares que hagas en el futuro por el alquiler o los servicios públicos también pueden ayudar a construir tu historial crediticio. Normalmente, estos pagos no aparecen automáticamente en tu informe crediticio. Sin embargo, existen servicios que pueden informar de estos pagos por ti, convirtiendo tus facturas mensuales de alquiler y servicios públicos en oportunidades para aumentar tu puntuación crediticia. Es como obtener un crédito extra por los deberes que ya estás haciendo. Sólo tienes que asegurarte de hacer estos pagos a tiempo, porque, como ocurre con cualquier actividad crediticia, los retrasos en los pagos pueden mermar tu puntuación.

Monitorear el crédito: Vigilar tu pulso financiero

A medida que te haces mayor y empiezas a acumular crédito, mantenerte informado sobre tu situación crediticia es crucial. Comprobar regularmente tu informe crediticio te mantiene al día de tu puntuación y te ayuda a asegurarte de que la información es exacta. Los errores ocurren, y pueden arrastrar hacia abajo tu puntuación crediticia si no se corrigen. Piensa en la comprobación de tu informe crediticio como un chequeo médico de tus finanzas. Te conviene detectar pronto cualquier error, desde pagos atrasados mal comunicados hasta cuentas que no reconoces, que podrían ser signos de robo de identidad. Y lo que es más importante, comprender los factores que influyen en tu puntuación crediticia te da una idea de cómo mejorarla con el tiempo.

- Empieza por comprobar anualmente tu informe de crédito. Es gratis y no afecta a tu puntuación.
- Si detectas errores, comunícalos inmediatamente a la oficina de crédito para que los corrijan.
- Ver cómo mejora tu puntuación crediticia puede ser motivador, ya que te muestra el impacto directo de tus hábitos financieros.

Construir un buen crédito es como un maratón, no un sprint. Requiere paciencia, constancia y hábitos inteligentes. Recuerda que tu puntuación crediticia refleja tus hábitos financieros a lo largo del tiempo. Siendo responsable con una cuenta cofirmada, asegurándote de que tus pagos regulares se tienen en cuenta en tu historial crediticio y vigilando de cerca tu informe crediticio, estás sentando unas bases sólidas para tu futuro financiero. Estos pasos pueden parecer pequeños, pero son poderosos en su capacidad de moldear positivamente tu trayectoria crediticia.

Para terminar este capítulo, piensa que crear un buen crédito es como plantar un jardín. Requiere tiempo, cuidados y un poco de atención diaria, pero las recompensas -acceso a préstamos, mejores tasas de interés y más oportunidades financieras- bien merecen el esfuerzo. Sigue cultivando tu jardín financiero y te sorprenderá cómo crece. Ahora, pasemos página y descubramos más estrategias para el éxito financiero.

CAPÍTULO 6

DÓLARES DIGITALES Y SENTIDO COMÚN
NAVEGAR POR LAS FINANZAS EN LA ERA TECNOLÓGICA

Piensa en un mundo en el que tu alcancía se vuelve más inteligente cada día, aprendiendo las mejores formas de custodiar y hacer crecer tu dinero. Ahora imagina que esta alcancía no está hecha de porcelana o plástico, sino de bytes y píxeles que viven dentro de tu smartphone o tablet. Bienvenido a la era moderna de la gestión del dinero, en la que la tecnología no es sólo un complemento de tu viaje financiero, sino el vehículo que te hace avanzar. En este capítulo, nos sumergimos en las herramientas digitales que hacen que manejar el dinero sea más fácil y divertido.

En primer lugar, abordemos algunas herramientas que están revolucionando la forma en que los niños (y los adultos) piensan y gestionan sus finanzas: las apps de presupuestos.

6.1 APLICACIONES PRESUPUESTARIAS PARA NIÑOS: AHORRAR CON LA TECNOLOGÍA

El papel de la tecnología en las finanzas

Cuando tus padres eran jóvenes, llevaban la cuenta de su dinero anotando en un diario o intentando memorizar lo que gastaban en la tienda de golosinas. Esos días están desapareciendo rápidamente, gracias a la tecnología. Ahora las aplicaciones pueden hacer el trabajo pesado, controlando cada dólar ganado cortando el césped o cada céntimo ahorrado para ese nuevo videojuego. Incluso pueden clasificar tus gastos automáticamente, mostrándote el destino de tu dinero en coloridas tablas y gráficos. Es como tener un asesor financiero en el bolsillo, divertido y amigable.

Las mejores aplicaciones presupuestarias para niños

- **iAllowance**: Esta aplicación hace que aprender responsabilidad financiera sea fácil y divertido. Con los **depósitos automáticos**, los niños reciben dinero según un calendario establecido, lo que les enseña a presupuestar. El **sistema de recompensas** les motiva a realizar tareas a cambio de dinero o incentivos, reforzando los buenos hábitos. Además, **las cuentas múltiples** les ayudan a gestionar sus ahorros, gastos y donaciones. Ideal para niños **de 7 a 10** años, esta aplicación de un pago único ($2,99) es una gran herramienta para crear hábitos monetarios inteligentes. También está disponible en 4 idiomas.
- **Bankaroo**: Creada por un niño para niños, esta aplicación bilingüe (inglés/español) hace que las finanzas sean divertidas. Utiliza dinero virtual para ayudar a controlar los objetivos de ahorro, los gastos e incluso las donaciones

benéficas. Es un gran primer paso en el mundo de los presupuestos sin tener que usar dinero real.

Privacidad y seguridad

Un gran poder conlleva una gran responsabilidad, especialmente cuando ese poder está en una aplicación. Utilizar aplicaciones financieras significa compartir cierta información personal, por lo que es fundamental conocer la privacidad y la seguridad. Siempre:

- Pide a uno de tus padres que te ayude a comprobar la política de privacidad de la aplicación para ver cómo se utiliza y protege tu información.
- Utiliza contraseñas seguras y nunca las compartas.
- Revisa regularmente las transacciones y habla con uno de tus padres si algo te parece raro.

Recuerda que mantener a salvo tus dólares digitales es tan importante como proteger el dinero en efectivo en una billetera.

Colaborar con los padres

No vueles solo en tu viaje financiero. Estas aplicaciones son una forma excelente de que tus padres y tú hablen de asuntos económicos. Discutir los objetivos de ahorro, los límites de gasto e incluso las donaciones benéficas puede convertirse en un asunto familiar, haciendo de la gestión del dinero una aventura compartida.

- Programa reuniones periódicas para revisar juntos la aplicación. Hablen de lo que hayas aprendido y cualquier ajuste que quieras hacer en tu presupuesto o en tus objetivos de ahorro.

- Utiliza la aplicación para iniciar conversaciones sobre temas financieros más importantes, como ahorrar para la universidad o comprender el crédito.

La tecnología ha transformado la forma en que interactuamos con el dinero, haciéndolo más accesible, comprensible y atractivo que nunca. Con las herramientas adecuadas y un poco de curiosidad, sumergirte en el mundo de las finanzas se convierte en una aventura, no en una tarea. Mientras seguimos explorando el mundo digital de la gestión del dinero, recuerda que estas herramientas están aquí para servirte, ayudándote a esculpir un futuro financiero brillante, informado y con mucho potencial.

6.2 CREAR UN DIARIO FINANCIERO: HACER UN SEGUIMIENTO DE TU DINERO

Imagina tener un libro mágico que recuerde dónde fue a parar cada céntimo de tu paga y te muestre cómo hacer movimientos de dinero más inteligentes en el futuro. Esto es lo que ocurre cuando empiezas a llevar un diario financiero. Es la historia de tus finanzas personales, escrita por ti, llena de información sobre tus hábitos de gasto y el progreso hacia tus objetivos.

Beneficios de escribir un diario

Un diario financiero actúa como espejo de tu dinero, reflejando tus comportamientos de gasto, tus patrones de ahorro y el camino hacia tus objetivos financieros. Puede poner de relieve hábitos que no sabías que tenías, como esa tendencia furtiva a derrochar en bocadillos después del colegio. Al poner el bolígrafo sobre el papel o pulsar esas teclas, empiezas a ver patrones, tanto buenos como malos. Esta toma de conciencia es el primer paso hacia el cambio. Además, registrar tus victorias, por pequeñas que sean, puede aumentar tu motivación para seguir adelante.

- **Visión**: Descubre patrones en tus gastos y ahorros que de otro modo no verías.
- **Responsabilidad**: Escribir tus objetivos y hacer un seguimiento de tus progresos te mantiene responsable.
- **Motivación**: Celebrar tus éxitos, grandes y pequeños, mantiene encendido el fuego de la motivación.

De qué hacer un seguimiento

Tu diario financiero puede ser tan único como tú, pero hay algunos elementos clave que merece la pena controlar:

- **Ingresos**: Puede ser tu paga, dinero de trabajos ocasionales o dinero de cumpleaños. Saber qué dinero entra es crucial.
- **Gastos**: Controla adónde va tu dinero, desde lo necesario (material escolar) hasta lo divertido (películas con amigos).
- **Ahorro**: Lleva un registro de para qué estás ahorrando y cuánto has guardado. Ver crecer esta cifra puede ser muy satisfactorio.
- **Objetivos económicos**: Escribe tus objetivos, tanto a corto plazo (un nuevo juego, por ejemplo) como a largo plazo (ahorrar para un coche). Verlos en blanco y negro hace que parezcan más alcanzables.

Métodos para llevar un diario

Lo bueno de un diario financiero es que puede ser lo que tú quieras que sea. Aquí tienes un par de formas de empezar:

- **Pluma y papel**: Hay algo especial en anotar las cosas a la antigua usanza. Un cuaderno específico donde anotes tus observaciones financieras puede ser un recordatorio tangible de tu recorrido con el dinero. Además, puedes ser creativo con bolígrafos de colores y pegatinas para hacerlo aún más tuyo.

- **Diario digital**: Si te gusta más la tecnología, numerosas aplicaciones y programas pueden servirte de diario digital. Ofrecen la comodidad de tener tu información financiera al alcance de la mano, a menudo con funciones añadidas como la categorización automática y los gráficos visuales. Trabaja con uno de tus padres para elegir lo que mejor se adapte a ti, y asegúrate de hacer una copia de seguridad para evitar perder tus valiosos datos.

Revisar y reflexionar

El verdadero poder de un diario financiero reside en sentarse regularmente a revisar y reflexionar sobre lo que has escrito. Esto te ayuda a reconocer dónde puedes mejorar y lo que estás haciendo bien. Reserva un tiempo cada semana para revisar tu diario. Pregúntate a ti mismo:

- ¿Cuál ha sido mi mayor victoria financiera esta semana?
- ¿Hice compras impulsivas? ¿Qué me llevó a hacerlas?
- ¿Cómo estoy avanzando hacia mis objetivos económicos?
- ¿Qué puedo hacer de forma diferente la semana próxima para mejorar?

Esta práctica te permite hacer un seguimiento de los números y comprender el porqué de tus decisiones financieras. Convierte tu diario en una herramienta de crecimiento, que te ayudará a tomar decisiones más inteligentes en el futuro.

Llevar un diario financiero es como dibujar tu propio mapa en la búsqueda del tesoro de las finanzas personales. Te guía a través de los bosques del gasto, sobre las montañas del ahorro y hacia los objetivos que te has marcado. Con cada entrada, escribes la historia de tu viaje financiero, página a página.

6.3 CONCEPTOS BÁSICOS DE BANCA ONLINE PARA EL JOVEN AHORRADOR

Atrás quedaron los días en que ahorrar significaba meter billetes arrugados y monedas tintineantes en una vieja y polvorienta alcancía. El mundo de la banca ha dado un gran salto hacia el ámbito digital, haciendo que gestionar tu dinero esté a un clic o un toque de distancia. Pero, ¿qué es exactamente la banca online y cómo funciona? Piensa en ella como tu monedero digital, siempre listo, siempre accesible, dondequiera que tengas acceso a un teléfono o una tablet.

Banca online simplificada

La banca online te permite manejar tu dinero sin visitar un banco físico. Imagina poder comprobar de cuánto dinero dispones, transferir una parte a un amigo como regalo de cumpleaños, o ahorrar una parte para ese hoverboard soñado: todo desde tu dispositivo. Es la banca al alcance de tu mano, según tus horarios y no los del banco.

Características de la banca online

Profundizando un poco más, la banca online viene con un montón de funciones diseñadas para hacerte la vida más fácil. Aquí tienes algunas que te pueden resultar muy útiles:

- **Consulta tu saldo**: Saber exactamente de cuánto dinero dispones en cada momento. Es como tener un espejo financiero que refleja tu situación monetaria actual, ayudándote a tomar decisiones de gasto informadas.

- **Transferencias de dinero**: ¿Quieres dividir el coste de un regalo o devolver el dinero a un amigo? La banca electrónica te permite transferir dinero en un santiamén, a menudo sin comisiones, sobre todo si el destinatario es del mismo banco.
- **Depósitos móviles**: ¿Has recibido un cheque por tu cumpleaños? No hace falta que corras al banco. Sólo tienes que hacer una foto con tu teléfono e ingresarlo a través de tu aplicación bancaria. ¿Mágico? Casi.
- **Pago de facturas**: Aunque es más relevante para los adultos, es genial saber que las facturas se pueden pagar directamente a través de la banca online.

Consejos de seguridad para la banca online

Como siempre, tener todo este poder conlleva responsabilidad, especialmente cuando se trata de mantener seguros tus dólares digitales. He aquí algunas reglas de oro para una banca electrónica segura:

- **Contraseñas seguras**: Tu primera línea de defensa. Mezcla letras, números y caracteres especiales para crear una contraseña difícil de descifrar.
- **Concientización sobre las estafas de phishing**: Los estafadores pueden intentar engañarte para que les des tus datos bancarios. Tu banco *nunca* te pedirá tu contraseña o PIN por correo electrónico o mensaje de texto. Si alguien te lo pide, está intentando engañarte.
- **Precaución con las redes Wi-Fi públicas**: Utilizar una red Wi-Fi pública para realizar operaciones bancarias es como dejar la billetera abierta en un banco del parque. Si necesitas realizar operaciones bancarias sobre la marcha, utiliza tu plan de datos o una VPN segura.

- **Siempre, cierra la sesión al terminar**: Igual que no dejarías la puerta de casa abierta al salir, cierra siempre la sesión de tu aplicación bancaria cuando hayas terminado.

El futuro de la banca

Mirando en la bola de cristal de la banca, vemos un mundo en el que las criptomonedas y la tecnología blockchain desempeñan papeles más importantes.

- Las criptodivisas son como monedas online especiales que se mantienen a salvo con códigos secretos. No pertenecen a ningún banco ni país. Puede que te suenen nombres como Bitcoin o Ethereum. Estas monedas especiales podrían cambiar la forma en que utilizamos y pensamos sobre nuestra paga o ahorros en el futuro.
- La tecnología blockchain es la columna vertebral de las criptomonedas. Es un sistema de registro de la información que hace difícil o imposible cambiarla o hacer trampas. Podría hacer que la banca fuera aún más segura y transparente en el futuro.

La banca online es algo más que una comodidad, es un cambio en la forma en que interactuamos con el dinero, que combina seguridad y accesibilidad. A medida que la banca sigue evolucionando con avances como las criptomonedas y la blockchain, mantenerse informado y precavido garantiza que tu viaje financiero digital sea emocionante y seguro. Profundicemos un poco más, ¿sí?

6.4 EL FUTURO DEL DINERO: LAS MONEDAS DIGITALES Y LOS NIÑOS

Imagina un mundo en el que el dinero no sea algo que tengas en la mano. En su lugar, es un código digital en tu ordenador o teléfono. Esto no está sacado de una película de ciencia ficción, es la realidad de las monedas digitales, también conocidas como criptodivisas. A diferencia de los dólares o monedas que llevas en el bolsillo, las monedas digitales no las imprimen ni acuñan los gobiernos. Existen totalmente en línea y se crean y mantienen electrónicamente.

Desglose de las monedas digitales

En esencia, las monedas digitales son una forma de dinero que sólo está disponible en formato digital o electrónico. Bitcoin, la primera y más conocida criptodivisa, apareció en escena en 2009, abriendo las compuertas a una forma totalmente nueva de concebir el dinero. Las criptomonedas utilizan la blockchain o cadena de bloques, que es como un gran cuaderno online que lleva la cuenta de las transacciones de monedas digitales de todo el mundo sin necesidad de un banco. Es como si intercambiaras cromos directamente con tus amigos sin necesidad de que nadie más compruebe o apruebe el intercambio. Esto lo convierte en un sistema en el que la gente puede intercambiar monedas digitales directamente entre sí.

Utilizar dinero digital

Puede que te preguntes cómo encajan las monedas digitales en tu vida de niño. Aunque no es probable que inviertas pronto en Bitcoin, ya te encuentras con dinero digital en diferentes formas:

- **Divisas de juegos online**: Muchos juegos online tienen su propia forma de moneda, como Robux en Roblox o V-Bucks en Fortnite. Estas monedas virtuales se utilizan para comprar objetos o mejoras en el juego y son una introducción sencilla y adaptada a los niños al dinero digital.

- **Tarjetas de regalo**: ¿Has recibido alguna vez una tarjeta de regalo digital? Es otra forma de moneda digital. Utilizas un código para canjear la tarjeta en línea, cambiándola por bienes o servicios sin tocar dinero físico.

Riesgos y consideraciones

Aunque las monedas digitales ofrecen posibilidades apasionantes, vienen acompañadas de su propio conjunto de retos:

- **Volatilidad**: Volatilidad significa que algo puede cambiar rápida e impredeciblemente. Eso significa que el valor de las criptomonedas puede variar mucho de un día para otro. Esta imprevisibilidad las convierte en una inversión arriesgada porque su valor puede aumentar o disminuir significativamente con rapidez.
- **Comprender el valor**: Comprender el concepto del valor del dinero digital puede ser complicado, ya que no es algo que puedas ver o tocar físicamente. Es importante aprender a equiparar las monedas digitales con el dinero del mundo real para entender lo que estás gastando o ganando potencialmente.

Educación financiera en la era digital

A medida que el mundo se vuelve más digital, la alfabetización financiera significa que necesitas saber algo más que contar dinero en efectivo o ahorrar en un banco. Tienes que navegar por el panorama financiero digital. Comprender las monedas digitales y cómo funcionan se está convirtiendo en una habilidad esencial. Tienes que saber cómo hacerlo y ser consciente de los riesgos, las medidas de seguridad necesarias para proteger los activos digitales y las consideraciones éticas del uso de estas tecnologías.

- **Abraza la curiosidad**: Sumérgete en el aprendizaje de las monedas digitales y la tecnología blockchain. Cuanto más sepas, mejor preparado estarás para el mundo financiero del mañana.
- **Sé precavido**: Mientras exploras el dinero digital, recuerda siempre la importancia de la seguridad. Proteger tu monedero digital es tan crucial como salvaguardar el dinero físico.
- **Piensa en el futuro**: A medida que ahorras y planificas el futuro, considera el papel que podrían desempeñar las monedas digitales en tus estrategias financieras. El panorama del dinero y la inversión está evolucionando, y mantenerte informado te mantendrá a la vanguardia.

Para concluir este vistazo al futuro del dinero, está claro que el mundo financiero en el que están creciendo los niños es muy diferente del de las generaciones anteriores. Las monedas digitales, con su mezcla de tecnología y finanzas, están allanando nuevos caminos para las transacciones, los ahorros y las inversiones. Comprender estos activos digitales, sus ventajas y sus riesgos es crucial para cualquiera que quiera navegar con éxito por las aguas financieras del mañana. A medida que avanzamos, mantén la mente abierta, infórmate y acércate al ámbito financiero digital con entusiasmo y precaución. Este equilibrio te será útil para adentrarte en el futuro del dinero equipado con los conocimientos y habilidades necesarios para prosperar en un mundo cada vez más digital. Ahora, pasemos página, listos para afrontar nuevas aventuras en las finanzas personales.

ACTIVIDAD DE REPASO DEL CAPITULO 6

```
K  Z  K  R  M  S  N  L  X  M  S  N  M  I  N  X  R  U  W  O  W  I  O  S
T  D  R  I  I  S  O  G  M  Y  F  J  P  H  Q  Z  T  U  P  Z  O  I  C  N
P  O  X  Y  A  A  W  Y  R  N  Z  J  F  R  L  Q  C  C  C  O  Q  F  I  B
T  W  T  B  Z  P  W  U  O  P  Z  C  N  K  G  X  K  O  J  N  X  A  Y  A
H  F  V  D  J  G  J  C  G  G  Z  J  R  C  V  A  Y  O  I  Q  H  Y  F  B
B  X  Z  J  F  O  P  X  F  J  O  N  F  I  X  P  W  O  H  C  B  E  R  D
T  I  H  P  B  M  G  W  A  K  S  Z  C  I  P  S  C  T  K  B  U  W  D  Q
Z  G  E  X  N  M  Q  A  H  O  R  R  O  S  N  T  F  C  H  T  R  A  Y  V
C  B  H  K  R  V  Q  N  A  I  E  A  N  X  I  A  O  N  T  O  U  T  J  Y
T  U  V  L  V  X  K  N  W  F  S  Q  T  B  P  L  N  M  G  Z  H  V  K  I
R  H  D  J  M  H  J  P  H  Q  E  N  R  Y  B  N  U  Z  O  S  D  N  P  K
B  A  I  Y  G  B  V  K  T  T  G  H  A  A  Q  T  C  P  A  N  N  J  T  F
X  V  A  D  V  A  Z  E  U  A  U  X  S  L  L  L  T  I  F  S  E  P  F  C
C  P  M  T  R  M  B  D  E  V  R  T  E  Q  A  G  C  L  E  D  I  D  T  S
N  Z  T  L  E  D  U  C  A  C  I  O  N  F  I  N  A  N  C  I  E  R  A  U
L  Y  J  C  J  P  G  D  B  F  D  Y  A  W  E  V  O  P  V  G  L  O  I  S
V  C  A  Y  S  I  O  Z  D  Y  A  B  S  R  H  I  N  X  P  I  H  E  R  C
T  I  E  S  Y  S  V  M  P  D  D  N  E  T  C  F  O  E  S  T  V  G  Q  I
B  U  D  F  Y  H  K  P  X  A  W  F  W  A  K  E  U  U  E  A  F  Q  K  K
P  Q  B  R  K  I  Y  U  G  D  S  N  C  K  A  A  K  T  G  L  K  G  L  G
A  C  M  B  A  N  C  A  E  N  L  I  N  E  A  Y  Q  F  T  X  G  A  Z  Z
T  G  S  V  N  G  M  V  A  X  L  Y  B  F  D  G  V  B  Y  A  S  Z  P  P
R  A  A  N  V  T  U  R  W  P  J  L  U  V  A  Y  O  E  W  H  Q  H  W  O
J  K  S  D  N  R  T  C  A  Z  C  Y  P  D  B  U  V  J  V  H  H  F  O  T
```

DIGITAL	FINANZAS	SEGURIDAD
AHORROS	BLOCKCHAIN	BANCA EN LINEA
CRIPTOMONEDAS	CONTRASEÑAS	BITCOIN
TRANSFERENCIAS	PISHING	
EDUCACIÓN FINANCIERA	APLICACIONES	

Respuestas en la pag 175

CAPÍTULO 7
NAVEGANDO POR LOS ERRORES MONETARIOS

Imagina que te levantas una mañana y descubres que tu juego favorito, que antes costaba 10 monedas, ahora cuesta 20 monedas. Frustrante, ¿verdad? Es un poco como la vida. A veces, las cosas no salen como habíamos planeado, sobre todo cuando se trata de gestionar nuestro dinero. Este capítulo es tu mapa para esquivar los obstáculos financieros y hacer movimientos más inteligentes con tu dinero. Los pasos en falso con el dinero son como tropezar con un rastrillo en el jardín. Es normal que ocurran, pero con un poco de cuidado puedes evitar caer de bruces.

7.1 ERRORES COMUNES QUE COMETEN LOS NIÑOS CON EL DINERO

Gastar demasiado en tendencias

Es difícil no querer las últimas zapatillas o el último teléfono del que habla todo el mundo. Pero perseguir constantemente las tendencias puede llevarte a gastar más dinero del que tienes.

Recuerda que las tendencias van y vienen. El artículo imprescindible de hoy puede convertirse rápidamente en la ganga de la venta de garaje de mañana. Así que, antes de gastar, pregúntate: "¿seguiré utilizando esto dentro de un mes?". Si la respuesta es "probablemente no", quizá debas replantearte esa compra.

Descuidar el ahorro

A veces, ahorrar dinero parece una tarea pesada, sobre todo cuando hay algo nuevo y brillante que te llama la atención. Pero no guardar parte de tu paga o del dinero de tu cumpleaños puede dejarte tirado cuando realmente necesites o quieras algo. Empieza poco a poco, incluso algo mínimo ahorrado regularmente puede sumar con el tiempo. Piensa que ahorrar es como pagar a tu futuro yo. Es como plantar una semilla que con el tiempo se convertirá en un árbol de dinero que podrás cosechar más adelante.

Ceder a la presión de grupo

A todos nos ha pasado. Tu amigo te enseña un nuevo aparato o artilugio y, de repente, sientes que tú también necesitas uno, aunque eso signifique gastarte todos tus ahorros. La presión de grupo es dura, pero recuerda que los verdaderos amigos no te juzgarán por lo que tengas o dejes de tener. No pasa nada por decir que no o sugerir una actividad más económica. Tu billetera te lo agradecerá.

He aquí un conjunto de respuestas que pueden ayudarte a mantenerte firme cuando te enfrentes a la presión de grupo, especialmente en lo que se refiere a gastar dinero. Prueba estos guiones listos para usar:

Cuando los amigos quieren que compres cosas caras

- Respuesta: "Estoy ahorrando para algo especial, así que no puedo participar en la compra de eso ahora mismo".

Cuando todo el mundo tiene el último artilugio

- Respuesta: "Parece genial, pero el que tengo todavía funciona bien. Prefiero ahorrar mi dinero para otra cosa".

Cuando se burlan de ti por no tener artículos de marca

- Respuesta: "Las marcas no me importan. Me gusta lo que tengo, y eso es suficiente".

Cuando te animan a gastar todo tu dinero de una vez

- Respuesta: "Estoy aprendiendo a gestionar mejor mi dinero. Parte de ello es no gastarlo todo en un solo sitio".

Cuando te invitan a salidas caras

- Respuesta: "Suena divertido, pero es demasiado caro para mí. ¿Podemos hacer algo más barato?

Cuando te presionan para que prestes dinero

- Respuesta: "Soy muy cuidadoso con el destino de mi dinero. No puedo prestarlo, pero estoy aquí para ayudarte a encontrar otra solución".

Cuando todo el mundo quiere reunir dinero para una gran compra

- Respuesta: "Tengo un presupuesto ajustado y tengo que pasar esta vez. Quizá la próxima vez podamos planear algo que se ajuste al presupuesto de todos".

Cuando tus amigos se burlan de ti por hacer un presupuesto

- Respuesta: "Hacer un presupuesto me ayuda a controlar mi dinero y a gastarlo en cosas que realmente quiero o necesito. Creo que es bastante inteligente".

Cuando te llaman tacaño por no gastar libremente

- Respuesta: "Prefiero pensar que es ser inteligente con mi dinero. Ahorrar ahora significa que podré disfrutar de algo aún mejor más adelante".

Cuando tienes la tentación de comprar sólo para encajar

- Respuesta: "Prefiero ahorrar mi dinero para cosas que me entusiasmen de verdad, no sólo para encajar con los demás".

Practicar estos guiones puede ayudarte a sentirte más preparado y seguro en tus decisiones cuando te enfrentes a la presión financiera del grupo.

Olvidarse de las necesidades futuras

Pensar en el futuro no es sólo cosa de adultos. Ya sea ahorrar para un nuevo juego que saldrá dentro de seis meses o reservar dinero para un viaje escolar, planificar los gastos futuros te asegura que no te pillarán desprevenido. Es como llevar un paraguas en un día nublado. Puede que no lo necesites, pero te alegrarás de tenerlo si llueve.

- Reflexiona: ¿Qué es aquello para lo que desearías haber ahorrado pero no lo hiciste? ¿En qué habría cambiado ahorrar para ello? Mientras escribes, piensa en el impacto del ahorro en lograr tus objetivos.

Navegar por los errores monetarios no va a ser perfecto, pero aprenderás, te adaptarás y tomarás decisiones más inteligentes la próxima vez. Tanto si has derrochado en una moda pasajera, te has olvidado de alimentar tu alcancía, has cedido al llamado de la multitud o has pasado por alto necesidades futuras, cada error es un peldaño para ser más inteligente desde el punto de vista financiero. Recuerda, el mejor plan financiero es el que funciona para ti, crece contigo y te ayuda a esquivar esos metafóricos rastrillos en el patio de la vida.

7.2 LECCIONES DE LOS ERRORES MONETARIOS: CRECER CON INTELIGENCIA

Los errores, sobre todo los que tienen que ver con el dinero, suelen parecer obstáculos. Sin embargo, son joyas ocultas llenas de ideas listas para ser descubiertas. Esta parte de nuestra aventura arroja luz sobre el lado bueno de los errores financieros, mostrando cómo pueden esculpirnos para convertirnos en gestores del dinero más inteligentes.

Aprender de la experiencia

Sumergirte en historias en las que los niños se enfrentaron a momentos de fracaso financiero puede ser esclarecedor. Imagínate a Zack, que una vez se gastó todos sus ahorros de verano en un lujoso coche a control remoto, sólo para encontrarlo juntando polvo una semana después. La emoción inicial se desvaneció, y Zack aprendió una valiosa lección: la gratificación instantánea a menudo conduce al arrepentimiento duradero. O piensa en Maya, que, en un intento por mantener las apariencias, compró unas zapatillas de moda que dejaron sus ahorros en números rojos: costaban más de lo que había ahorrado. La experiencia le enseñó la importancia de vivir dentro de sus posibilidades y la encaminó hacia un gasto más consciente.

Estas narraciones no son sólo historias. Son ventanas a las consecuencias de nuestras elecciones, que nos enseñan a detenernos y reflexionar antes de tomar decisiones similares.

El papel de los contratiempos

Enfrentarse a un contratiempo financiero puede parecer un obstáculo en tu camino hacia la gloria del ahorro. Sin embargo, es en esos momentos cuando brota el crecimiento. Cada contratiempo, ya sea una compra impulsiva que vacía tu billetera o un objetivo de ahorro olvidado, es un paso hacia mejores hábitos financieros. A través de estas experiencias, aprendemos sobre la resiliencia, descubriendo que recuperarse con un plan más inteligente siempre es posible. Esta resiliencia construye una espina dorsal financiera lo bastante sólida como para soportar decisiones más inteligentes en el futuro.

Pedir consejo

Cuando los asuntos de dinero se vuelven confusos, pedir ayuda puede aclarar mucho las cosas. A veces, los niños pueden tener miedo de hacer preguntas porque no quieren ser juzgados por cometer errores. Pero hablar con los padres, los profesores o alguien que sepa mucho de dinero puede ayudarte a ver cosas de las que antes no te habías dado cuenta. Estas charlas pueden hacer que las partes complicadas de tratar con el dinero sean más fáciles de entender. Son una oportunidad para aprender de otras personas que han pasado por sus propias aventuras con el dinero y pueden orientarte sobre lo que debes hacer.

- Celebra cada mes una reunión familiar sobre el dinero. Hablen de lo que esperan hacer con su dinero, de los problemas que han tenido y de lo que han hecho bien.
- Habla en clase sobre una elección de dinero que hayas hecho recientemente. Pregunta a tus amigos y a tu profesor qué piensan y si tienen otras ideas sobre lo que podrías hacer.
- Si puedes, reúnete con un experto en dinero para hacer planes. Pueden ayudarte a averiguar cómo alcanzar tus objetivos monetarios.

Adaptarse y ajustarse

El panorama financiero cambia constantemente, como las estaciones. Una estrategia que funcionó brillantemente el año pasado puede no ajustarse a los objetivos o retos de este año. Esta fluidez exige flexibilidad, la voluntad de ajustar y perfeccionar tu plan financiero para asegurarte de que sigue alineado con tus necesidades y aspiraciones cambiantes. Se trata de permanecer dinámico, preparado para ajustar las velas cuando cambien los vientos financieros. Esta adaptabilidad garantiza que tus estrategias de gestión del dinero crezcan contigo, reflejando siempre tu realidad actual y tus sueños futuros.

- Revisa periódicamente tus objetivos financieros, preguntándote si siguen respondiendo a tus aspiraciones.
- Experimenta con distintas técnicas de ahorro o aplicaciones presupuestarias para encontrar lo que mejor te funciona.
- Reflexiona sobre errores financieros pasados, considerando cómo estrategias diferentes podrían evitar resultados similares.

En esencia, el viaje a través de los errores financieros hacia una gestión más inteligente del dinero está lleno de lecciones que esperan ser aprendidas. Cada tropiezo, cada caída, es una oportunidad para levantarnos más fuertes, equipados con una nueva sabiduría. A través de estas experiencias, nos convertimos no sólo en sabios gastadores y ahorradores, sino también en resistentes navegantes de nuestro futuro financiero.

7.3 LA IMPORTANCIA DE LA DISCIPLINA FINANCIERA

En el mundo del dinero, ser disciplinado es como tener un superpoder. Es la clave para desbloquear tus objetivos, ahorrando una moneda a la vez. Pero, ¿qué significa realmente ser disciplinado financieramente? Piensa en ello como tomar decisiones hoy que te harán sentir orgulloso mañana. Se trata de elegir ahorrar en lugar de gastar, y planificar en lugar de derrochar.

¿Qué es la disciplina financiera?

La disciplina financiera es la práctica de tomar decisiones sobre tu dinero que estén en consonancia con tus objetivos a largo plazo. No se trata de no divertirte nunca o no gastar dinero; se trata de saber cuándo y cómo hacerlo sabiamente. Esto puede significar esperar un poco más para comprar ese nuevo juego, de modo que puedas mantener tus ahorros en el buen camino, o elegir hacer tareas extra para ganar más dinero antes de hacer una compra. En esencia, se trata de aprender a controlar tus impulsos para que no te controlen a ti.

Construir el autocontrol

Ganar control sobre tus hábitos de gasto y ahorro no se consigue de la noche a la mañana. Se construye a través de pequeñas elecciones diarias. He aquí algunas estrategias que te ayudarán a desarrollar esta importante habilidad:

- **Haz una pausa antes de comprar**: Date un período de reflexión antes de comprar algo que no sea esencial. A veces el impulso de comprar se desvanece si le das un poco de tiempo.

- **Lista de necesidades frente a lista de deseos**: Haz una lista de las cosas que necesitas frente a las que quieres. Prioriza el gasto en tus necesidades antes que en tus deseos.
- **Recordatorios visuales**: Coloca fotos de tus objetivos de ahorro por tu habitación o ponlas de fondo en tus dispositivos. Ver para qué estás ahorrando puede ayudarte a mantener la concentración.

Desarrollar el autocontrol es en parte práctica y en parte paciencia. Es normal tener algún desliz de vez en cuando. La clave está en aprender de esas experiencias y seguir avanzando.

Establecer y respetar los presupuestos

Un presupuesto es como un plano de tus objetivos financieros. Te da una idea clara de adónde debe ir tu dinero cada mes, ayudándote a aprovechar al máximo cada dólar. Aquí tienes algunas formas de crear un presupuesto realista y ceñirte a él:

- **Registra tus gastos**: Durante un periodo de tiempo determinado -digamos, una semana o un mes- anota todo aquello en lo que gastas dinero. Esto te dará una idea clara de adónde va tu dinero.
- **Categoriza tus gastos**: Divide tus gastos en categorías como ahorros, productos esenciales (comida, ropa) y extras (juegos, salidas).
- **Asigna sabiamente**: Basándote en tu seguimiento, decide cuánto dinero destinar a cada categoría. Sé realista con tus necesidades y coherente con tus objetivos de ahorro.
- **Revisa regularmente**: Al final de cada mes, revisa tus gastos. ¿Te has ajustado a tu presupuesto? ¿Dónde podrías mejorar? Ajusta tu presupuesto según sea necesario.

Recuerda, un presupuesto no restringe la libertad. Es una herramienta que te ayuda a alcanzar tus objetivos financieros sin dejar de disfrutar de la vida.

Gratificación diferida

La gratificación diferida es una piedra angular de la disciplina financiera. Es elegir esperar una recompensa más significativa en lugar de ceder a la tentación del placer inmediato. He aquí por qué merece la pena practicarla:

- **Mayores y mejores recompensas**: Ahorrar para un objetivo mayor suele significar que la recompensa es mucho más satisfactoria que las pequeñas compras impulsivas.
- **Reducción de los remordimientos del comprador**: Esperar para hacer una compra suele conducir a un gasto más meditado, reduciendo las posibilidades de arrepentirte de tus decisiones más adelante.
- **Mayor estabilidad financiera**: Practicar la gratificación diferida te ayuda a ahorrar más, gastar menos y evitar las deudas, lo que conduce a un futuro financiero más estable.

Aprender a esperar por lo que quieres puede ser tan sencillo como elegir algo para lo que te gustaría ahorrar, y luego ahorrar dinero poco a poco hasta que puedas comprarlo. Cada vez que elijas ahorrar en lugar de gastar, estarás reforzando el hábito de la gratificación diferida.

La disciplina financiera puede sonar desalentadora, pero en realidad no es más que tomar decisiones que se alineen con tus objetivos. Te permite ver el panorama general y comprender que las mejores recompensas suelen ser aquellas por las que trabajamos duro y esperamos pacientemente a conseguir. Cada vez que tomas una decisión inteligente con tu dinero, no sólo estás ahorrando, sino que estás creando una base para un futuro en el que puedas alcanzar tus objetivos monetarios y hacer realidad tus sueños, un paso inteligente a la vez.

7.4 PEDIR AYUDA: CUÁNDO HABLAR DE DINERO CON LOS ADULTOS

A veces, hablar de dinero puede parecer como intentar entender una lengua extranjera. Pero no pasa nada. Todos empezamos en algún sitio, y haciendo preguntas es como aprendemos y crecemos. Imagínate comprender un código secreto con la ayuda de quienes llevan años descifrándolo. Eso es lo que puede parecer hablar de dinero con los adultos: desentrañar secretos que hacen que la gestión del dinero sea más fácil y eficaz.

Iniciar conversaciones

Iniciar una conversación sobre el dinero puede parecer difícil, pero es como arrancar una tirita. La vacilación inicial da paso rápidamente al alivio una vez que te lanzas. Los adultos de confianza en tu vida -ya sean padres, hermanos mayores o amigos de la familia- tienen un tesoro de experiencias. Es probable que se hayan enfrentado a retos y triunfos relacionados con el dinero y puedan compartir una sabiduría que no encontrarás en ningún libro de texto. Prueba a preguntarles cuál fue su primer objetivo de ahorro o qué les hubiera gustado saber sobre el dinero cuando tenían tu edad. Te sorprenderá lo mucho que puedes aprender de sus historias.

Aprender de los demás

Hay un dicho que dice que la sabiduría consiste en aprender de los errores de los demás. Tu familia, tus profesores e incluso tus vecinos han navegado por las aguas financieras, a veces sin problemas, otras no tanto. Sus viajes son recursos para ti. ¿Invirtió tu tía en algo que no le salió bien? ¿Qué aprendió? ¿Algún profesor te ha contado alguna vez una metedura de pata financiera? Estas lecciones de la vida real tienen un valor incalculable. Te proporcionan los conceptos necesarios para tomar decisiones con conocimiento de causa y evitar errores similares.

Buscar asesoramiento profesional

A veces puedes necesitar algo más que la sabiduría familiar, sobre todo cuando planificas grandes objetivos como la universidad. Aquí es donde los asesores financieros pueden cambiar las reglas del juego. Piensa en ellos como guías en el complejo mundo de la gestión del dinero. Pueden ayudarte a comprender las opciones de ahorro, la magia del interés compuesto y cómo empezar a invertir sabiamente, incluso con una pequeña cantidad. Si tu familia tiene un asesor financiero, pregúntale si puedes asistir a una reunión. Muchos bancos y centros comunitarios también ofrecen sesiones de planificación financiera. Son como tener un entrenador para tu dinero, que te ayuda a ejercitar para alcanzar tus objetivos de aptitud financiera.

Recursos para el aprendizaje

La gran noticia es que hay más recursos disponibles que nunca. Los sitios web y las aplicaciones pueden hacer que aprender sobre la gestión del dinero sea divertido y atractivo. Aquí tienes algunos para empezar:

- Sitios web como Biz Kid$ ofrecen abundante información, juegos interactivos e historias reales de niños y dinero.
- Aplicaciones como Bankaroo para niños y adolescentes ofrecen un enfoque práctico de la gestión del dinero virtual, enseñando valiosas habilidades en un entorno controlado.

Sumérgete en estos recursos. Cada uno tiene algo único que ofrecer, desde conceptos iniciales hasta estrategias avanzadas, todo ello adaptado para ayudarte a navegar por tu viaje financiero.

Al concluir esta exploración del mundo de la gestión del dinero, recuerda que no pasa nada por pedir ayuda. Ya sea abriéndote a adultos de confianza, aprendiendo de sus experiencias, buscando consejo profesional o explorando recursos en internet, cada paso que das aumenta tu comprensión y confianza en el manejo del dinero. Estas conversaciones te dotan de las herramientas necesarias para tomar decisiones con conocimiento de causa, establecer y alcanzar objetivos, y afrontar los retos financieros y oportunidades que se te presenten. Ahora, con una sólida comprensión de los fundamentos de la gestión del dinero y la sabiduría adquirida de quienes te rodean, estás preparado para avanzar, tomando decisiones financieras más inteligentes que allanen el camino hacia un futuro brillante y próspero.

CAPÍTULO 8
EL CRISTAL TRANSPARENTE
VER A TRAVÉS DE LOS ASUNTOS DEL DINERO

Imagina que entras en una habitación llena de ventanas. Algunas ventanas muestran una imagen muy clara, mientras que otras están agrietadas o sucias. Las ventanas claras te ayudan a ver por dónde ir para evitar obstáculos o caminos equivocados, mientras que las agrietadas o sucias bloquean tu camino. Esto es similar a ser transparente en cuestiones de dinero. Cuanto más transparentes seamos en nuestros tratos financieros, más fácil será evitar problemas como las estafas o la deshonestidad.

La transparencia es la piedra angular de la confianza, especialmente cuando se maneja dinero. Tanto en las finanzas personales como en el mundo empresarial en general, ser abierto sobre las transacciones y decisiones financieras puede tender puentes de confianza. Sin embargo, la niebla de las estafas, y el atractivo de las ganancias fáciles, a veces pueden nublar nuestro juicio. He aquí cómo mantener tus transacciones financieras tan transparentes como esas ventanas claras, para que siempre puedas ver el camino a seguir.

8.1 COMPRENDER LA TRANSPARENCIA FINANCIERA

La transparencia financiera significa mantener las cortinas abiertas en todos tus asuntos de dinero. Significa asegurarte de que todo, desde el progreso de tus ahorros hasta tus hábitos de gasto, sea visible, no sólo para ti, sino también para cualquier otra persona implicada, como tus padres o tus asesores financieros. En las empresas, implica compartir abiertamente los informes financieros y las operaciones con las partes interesadas.

La transparencia financiera es importante porque genera confianza. Cuando la gente puede ver adónde va su dinero o cómo funciona financieramente una empresa, se fomenta la confianza y la seguridad. Despeja sospechas y dudas, haciendo que las relaciones financieras sean más fluidas y sencillas.

Honestidad con el dinero

Ser honesto con el dinero, ya sea contigo mismo, con tu familia o en cualquier transacción financiera, es una parte fundamental de la transparencia. Esto significa:

- **Pagar lo que debes**: Devolver puntualmente el dinero que te presten amigos o familiares demuestra que eres digno de confianza y honesto.
- **Divulgación total**: Cuando pides o prestas dinero, es importante dejar claro de cuánto dispones y cómo lo devolverás o te lo devolverán. Hablar desde el principio sobre cuánto dinero extra (intereses) hay que pagar, cómo y cuándo se devolverá el dinero, y si hay algún problema económico, ayuda a evitar confusiones y genera confianza.

Enseñar transparencia

Para padres y educadores, inculcar el valor de la transparencia en las mentes jóvenes es crucial. Prepara el camino para comportamientos financieros responsables y dignos de confianza en el futuro. He aquí cómo hacer que forme parte del aprendizaje diario:

- **Sé un libro abierto**: Comparte con tus hijos tus decisiones financieras, el razonamiento que las sustenta y sus resultados. Hazles partícipes del proceso, tanto si se trata de presupuestar la compra como de elegir una cuenta de ahorro.
- **Fomenta las preguntas**: Fomenta un entorno en el que preguntar sobre cuestiones de dinero esté bien. Habla sobre cómo funcionan las tarjetas de crédito o por qué pagamos impuestos, dando respuestas claras y sinceras que desmitifiquen los conceptos financieros.
- **Predica con el ejemplo**: Practica lo que predicas. Deja que tus hijos te vean revisar las facturas, hablar abiertamente de finanzas con tu pareja o investigar antes de hacer una inversión. Las acciones suelen hablar más alto que las palabras.

8.2 ESTAFAS FINANCIERAS: MANTENTE SEGURO E INTELIGENTE

Hoy en día, el dinero de bolsillo se puede enviar con un clic y las alcancías se están volviendo inteligentes, y las sombras de las estafas financieras se ciernen más grandes y furtivas que nunca. Desde el viejo cebo de los correos electrónicos de premios hasta los más sofisticados robos de identidad en línea, las estafas han evolucionado, aprovechándose de las almas desinformadas y demasiado confiadas de internet.

Visión general de las estafas financieras más comunes

Las estafas son como los camaleones del mundo financiero. Se mezclan, adaptándose a las últimas tendencias y tecnologías para pillarte desprevenido. Tanto los jóvenes como los adultos pueden encontrarse frente a ellas:

- **Correos electrónicos y mensajes de phishing**: Te engañan para que facilites información personal bajo la apariencia de solicitudes legítimas de bancos o servicios conocidos.
- **Tiendas online falsas**: ¿Alguna vez te has topado con una oferta demasiado buena para ignorarla? Algunas de ellas son fachadas para recopilar datos de pago sin entregar la mercancía.
- **Fraude en las inversiones**: Las ofertas que prometen que ganarás mucho dinero sin apenas riesgo pueden llevarte por un camino en el que lo único que crece es la billetera del estafador.
- **Robo de identidad**: Un escenario aterrador en el que alguien roba tu información personal y luego la utiliza para robarte dinero o cometer otros delitos, dejándote el embrollo para que tú lo desenredes.

He aquí algunas señales de alarma a las que debes prestar atención:

1. **Presión para actuar con rapidez**: Los estafadores suelen crear una sensación de urgencia, empujándote a tomar decisiones en el acto sin darte tiempo a pensar o consultar a otros.
2. **Solicitudes de información personal o financiera**: Ten cuidado si te piden datos sensibles como tus números de cuenta bancaria, número de la Seguridad Social o credenciales de acceso a cuentas online. Ninguna empresa responsable te pide tu contraseña por correo electrónico.

3. **Contacto no solicitado**: Recibir llamadas, correos electrónicos o mensajes inesperados, especialmente de fuentes desconocidas o que simulan ser de una organización real, puede ser un intento de estafa.

4. **Ofertas demasiado buenas para ser verdad**: Las promesas de grandes beneficios sin riesgo, de ganar un concurso en el que no has participado o de ofertas que parecen demasiado buenas para ser verdad son tácticas clásicas de estafa.

5. **Solicitudes de pago a través de métodos inusuales**: Los estafadores suelen solicitar pagos mediante transferencias electrónicas, tarjetas de débito prepagas, tarjetas de regalo o criptomonedas, que son difíciles de rastrear y recuperar.

6. **Detalles vagos y falta de transparencia**: Si la persona u organización es imprecisa sobre quién es, dónde se encuentra o los detalles de la oferta, es una señal de alarma que te indica que lo consultes con un adulto antes de continuar.

7. **Errores ortográficos y gramaticales**: Las organizaciones profesionales suelen revisar las comunicaciones para detectar errores, por lo que los correos electrónicos o mensajes mal escritos pueden ser señal de una estafa.

8. **Direcciones de correo electrónico o URL no coincidentes**: Si la dirección de correo electrónico o el enlace no coinciden con el dominio oficial de la supuesta organización, podría tratarse de un intento de suplantación de identidad.

9. **Pedir que mantengas las transacciones en secreto**: Los estafadores pueden pedirte que no le cuentes a nadie sobre el trato, con el objetivo de aislarte de consejos que puedan revelar la estafa.

10. **Tácticas de manipulación**: La manipulación emocional, como crear miedo (por ejemplo, afirmando que te detendrán por impago de impuestos) u ofrecer simpatía o amistad, se utiliza a menudo para aprovecharse de las víctimas.

Proteger la información personal

La clave para mantener a raya a los estafadores es tratar tu información personal y financiera como las joyas de la corona: bajo llave. He aquí algunas formas de mantenerte a salvo:

- **Contraseñas fuertes**: Utiliza una mezcla de letras, números y símbolos que sean difíciles de adivinar. Pide a uno de tus padres que te ayude a llevar un registro de todas ellas.
- **Configuración de privacidad**: En las redes sociales, oculta o bloquea tus perfiles. Cuanto menos sepan de ti los desconocidos, mejor.
- **Conexiones seguras**: Las redes Wi-Fi públicas pueden ser el patio de recreo de un hacker. Evita acceder a cuentas sensibles cuando estés conectado a ellas.
- **Tritura y asegura**: El papel anticuado aún puede contener información valiosa. Destruye los documentos que no necesites y guarda los importantes en un lugar seguro.

Pensamiento crítico

Si tu instinto te dice que algo huele mal, probablemente sea así. A los estafadores les encanta crear una sensación de urgencia o entusiasmo para nublar tu juicio. Ve más despacio y piensa.

- **Pregunta todo**: ¿Por qué te enviaría tu banco un correo electrónico pidiéndote tu contraseña? ¿Puede esa inversión en línea garantizar realmente altos rendimientos sin riesgo?
- **Investiga**: Una rápida búsqueda en internet puede revelar si otras personas se han encontrado con estafas similares.
- **Háblalo**: A veces, el mero hecho de comentar una oferta sospechosa con otra persona puede poner de manifiesto lo absurdo de la misma.

Informes y recuperación

Así que has detectado una estafa o, peor aún, has caído en una. No es el fin del mundo, pero hay que actuar:

- **Denúncialo**: Pide a uno de tus padres que te ayude. Los bancos, las plataformas de redes sociales y las agencias gubernamentales tienen canales para denunciar el fraude. También pueden orientarte sobre los pasos a seguir.
- **Cambia las contraseñas**: Si tu información puede haber sido comprometida, cambia tus contraseñas inmediatamente.
- **Controla tus cuentas**: Comprueba regularmente tu cuenta bancaria y tu informe crediticio para detectar cualquier actividad inusual.
- **Aprende de ello**: Cada estafa a la que te enfrentas es una lección aprendida. Comparte tu experiencia para ayudar a proteger a los demás.

En todas las historias de héroes y villanos, el conocimiento es poder. Si te mantienes informado sobre los tipos de estafas que existen, mantienes a salvo tu información personal y financiera, piensas de forma crítica y sabes cómo reaccionar si las cosas van mal, no sólo estarás protegiendo tu dinero, sino construyendo una fortaleza en torno a tu futuro financiero. Ahora, avancemos, listos para afrontar las emocionantes aventuras financieras que nos esperan.

8.3 CUESTIONARIO DE HONESTIDAD FINANCIERA

Prueba este divertido cuestionario interactivo que pone a prueba tus conocimientos sobre transparencia financiera, abarcando temas como el reconocimiento de las estafas, la importancia de la honestidad en los tratos monetarios y las formas de mantener la integridad financiera. Cada pregunta viene acompañada de una respuesta para ayudar a reforzar el aprendizaje.

Pregunta 1: ¿Qué debes hacer si un desconocido en internet te pide los datos de la cuenta bancaria de tus padres para regalarte un videojuego?

- A. Dales los detalles.
- B. Ignora la petición.
- C. Pide dos videojuegos en su lugar.
- D. Cuéntaselo a un adulto de confianza.

Respuesta D. ¡Buena elección! Si alguien a quien no conoces te pide información privada, debes decírselo siempre a un adulto de confianza. Los estafadores suelen utilizar trucos como éste para robar dinero.

Pregunta 2: ¿Por qué es importante decir la verdad cuando hablas de cuánto dinero tienes?

A. Te hace más popular.
B. Ayuda a crear confianza con los demás.
C. Recibes más dinero.
D. No es tan importante.

Respuesta B. ¡Correcta! Ser honesto sobre tu dinero genera confianza, y la gente sabrá que puede confiar en que eres sincero.

Pregunta 3: Si un amigo te presta dinero para comprar un juguete, ¿cuál es la mejor forma de actuar?

A. Págales lo prometido.
B. Espera a que se olviden de ello.
C. Diles que has perdido el dinero.
D. Cómprales un regalo.

Respuesta A. ¡Exactamente! Devolver el dinero que debes demuestra que respetas a tu amigo y que te tomas en serio tus promesas.

Pregunta 4: ¿Qué es una estafa?

A. Un tipo de danza.
B. Un truco para robarte el dinero.
C. Un nuevo videojuego.
D. Un asesor financiero.

Respuesta B. ¡Exacto! Una estafa es un truco que alguien utiliza para robar dinero o información. Sé siempre precavido y pregunta a un adulto si algo te parece sospechoso.

Pregunta 5: Si ves un anuncio que promete dinero gratis, ¿qué deberías pensar?

   A. ¡Es mi día de suerte!
   B. Puede ser una estafa.
   C. Debería hacer clic en él inmediatamente.
   D. Debería decírselo a todos mis amigos.

Respuesta B. ¡Bien hecho! Las ofertas de dinero gratis suelen ser demasiado buenas para ser verdad y podrían ser estafas. Consúltalo siempre con un adulto antes de responder a ellas.

Pregunta 6: ¿Por qué es importante discutir los detalles al pedir o prestar dinero a un amigo?

   A. No es realmente importante.
   B. Para alargar la conversación.
   C. Para evitar malentendidos y mantener fuerte la amistad.
   D. Para confundir a todo el mundo.

Respuesta C. ¡Por supuesto! Hablar de detalles como cuándo se lo devolverás ayuda a evitar cualquier confusión y mantiene la amistad sana y feliz.

Pregunta 7: ¿Qué debes hacer antes de hacer un trato o intercambio, como intercambiar juguetes con un amigo?

   A. Háblalo claramente y ponte de acuerdo sobre los detalles.
   B. Sigue adelante e intercambia sin hablar.
   C. Haz el intercambio en secreto.
   D. Cambia de opinión en el último momento.

Respuesta A. ¡Buen trabajo! Hablar las cosas y acordar primero los detalles hace que ambos estén contentos y no haya sorpresas.

Pregunta 8: ¿Cómo puedes ser financieramente transparente o completamente honesto con tus padres sobre tu paga?

A. Cuéntales sólo lo que ahorras.
B. Comparte cómo piensas gastar y ahorrar, y los errores que hayas cometido.
C. Oculta algunos de tus gastos.
D. Gástalo todo rápidamente para que no haya nada que contar.

Respuesta B. ¡Así se hace! Ser abierto con tus padres sobre tu dinero te ayuda a aprender y a crecer, y ellos pueden ofrecerte grandes consejos y apoyo.

Lista de control para unas relaciones financieras transparentes

- Investiga siempre antes de invertir o participar en oportunidades financieras.
- Lleva un registro de todas las transacciones, grandes o pequeñas.
- Habla abiertamente de las decisiones financieras con tus familiares o asesores.
- Revisa regularmente tus hábitos y objetivos financieros, sin perder de vista las áreas en las que puedes mejorar la transparencia.
- Edúcate a ti mismo y a los demás sobre los peligros de las estafas y la importancia de la honestidad en todos los asuntos financieros.

En un mundo en el que los tratos financieros pueden parecer a veces como navegar por un laberinto de espejos, elegir la transparencia es como llevar una luz que revela el verdadero sendero. Guía tu camino e ilumina la carretera para los que siguen tus pasos. Al comprometernos con prácticas financieras claras, honestas y abiertas, todos podemos contribuir a un futuro en el que la confianza y la integridad marquen el camino en las finanzas personales y más allá.

CAPÍTULO 9
LA MAGIA DEL DINERO
TRANSFORMAR LAS FINANZAS CON JUEGOS Y DIVERSIÓN

Imagina que estás en un espectáculo de magia en el que el mago saca un conejo de un sombrero, hace desaparecer monedas y luego, con una floritura, convierte esas mismas monedas en una lluvia de papel de colores. ¿Y si te dijera que puedes hacer tu propio tipo de magia en casa, transformando tu forma de pensar y de manejar el dinero, mientras te diviertes? Sí, ¡lo has oído bien! Este capítulo trata de convertir la educación financiera en un juego emocionante, que no sólo eduque, sino que también entretenga. Desde juegos de mesa que imitan situaciones financieras de la vida real hasta la creación de tu propio juego que te enseñe los entresijos de la economía, exploraremos cómo la diversión y las finanzas pueden ir de la mano.

9.1 JUEGOS DE MESA QUE ENSEÑAN EDUCACIÓN FINANCIERA

Valor educativo de los juegos de mesa

Los juegos de mesa tienen una capacidad increíble para enseñar conceptos que pueden ser complejos de una forma divertida y atractiva. Piénsalo. Cuando intentas conquistar un juego, no sólo te centras en ganar, sino que estás aprendiendo estrategias, tomando decisiones y, a veces, incluso haciendo un poco de matemáticas. Y cuando se trata de educación financiera, los juegos de mesa pueden ser una mina de oro. Pueden enseñarte la importancia del ahorro, el impacto de las inversiones y las consecuencias de las deudas, todo ello dentro de los límites de un tablero de juego. Además, reúnen a la gente, provocando conversaciones sobre el dinero que de otro modo no se producirían.

Juegos de mesa financieros populares

Algunos juegos de mesa son clásicos por una razón. Existen desde hace siglos y siguen siendo tan populares como siempre. He aquí por qué:

- **Monopoly**: Este juego es prácticamente un rito de iniciación. Recibes un curso intensivo de gestión inmobiliaria y monetaria mientras compras propiedades, pagas alquileres y administras tu dinero en efectivo. ¿La clave? Invertir sabiamente puede hacerte rico, pero si te excedes, puedes arruinarte.
- **El juego de la vida**: Aquí estás navegando por los grandes hitos financieros de la vida: la universidad, la carrera profesional, la crianza de los hijos, la compra de una casa y la jubilación. Es un vívido recordatorio de que nuestras

decisiones, especialmente las financieras, dirigen la dirección de nuestra vida.

- **Día de pago**: ¿Vivir de cheque en cheque? Día de Pago te sitúa en este escenario, enseñándote a presupuestar tus ingresos mensuales para cubrir facturas y gastos imprevistos, y también ahorrar un poco.
- **Cashflow**: Creado por el gurú de las finanzas Robert Kiyosaki, reta a los jugadores a salir de la carrera de ratas y entrar en la vía rápida, donde su riqueza puede crecer.

Crear tu propio juego de mesa financiero

Ahora, el reto definitivo: crear tu propio juego de mesa. ¿Por qué no convertir lo que has aprendido sobre ganar, gastar, ahorrar e invertir en un juego? Podrías diseñar un juego en el que los participantes tengan que hacer que el dinero les dure todo el mes, invertir en empresas o ahorrar para la jubilación. El cielo es el límite. Esto no sólo ejercita tus músculos creativos, sino que también profundiza tu comprensión de los conceptos financieros. ¿Y quién sabe? Tu juego podría convertirse en el próximo favorito de la familia, enseñando y entreteniendo a los jugadores durante generaciones.

Aprender compitiendo

Hay algo en una pequeña competición amistosa que hace que cualquier juego sea más emocionante. Cuando compites, estás más concentrado, comprometido y decidido a ganar. En el contexto de los juegos de mesa financieros, esta competición puede simular la toma de decisiones financieras y el asumir riesgos en la vida real. Podrías leer sobre el mercado de valores, pero es más divertido ver cómo tu inversión en GameStop sube o baja en un juego, sintiendo ese subidón de emoción o punzada de decepción. Esta experiencia práctica, incluso en un entorno simulado, puede prepararte para los altibajos de las finanzas del mundo real.

Así que toma un juego de mesa o empieza a idear el tuyo propio, y sumérgete en el mundo de la educación financiera. Recuerda, el objetivo no es sólo ganar el juego, sino descubrir estrategias y lecciones financieras ocultas, que te conviertan en un mejor jugador y en un pensador financiero más inteligente.

9.2 DESAFÍOS MONETARIOS DIVERTIDOS PARA FAMILIAS

¡Reúnanse, familia! Es hora de dar un giro a nuestras rutinas habituales y añadir una pizca de emoción a nuestros hábitos financieros. ¿Quién dijo que administrar el dinero tenía que ser todo hojas de cálculo y nada de juego? Sumerjámonos en algunos retos familiares que no sólo nos unirán más, sino que también nos enseñarán valiosas lecciones sobre el dinero.

Desafío del ahorro

Imagina un cofre del tesoro en el que cada miembro de la familia contribuye, con los ojos puestos en un premio que beneficie a todos. Suena a aventura, ¿verdad? Éste es el plan: Elegimos un objetivo que entusiasme a todos, como una nueva consola de videojuegos o una escapada de fin de semana. Cada semana, todos aportamos una cantidad acordada a nuestro cofre del tesoro familiar (también conocido como tarro de ahorros). Ver crecer nuestro tesoro colectivo aporta una sensación de trabajo en equipo y de ilusión. ¿Y lo mejor? Alcanzar nuestro objetivo y celebrarlo juntos, sabiendo que todos hemos contribuido a conseguirlo.

Consejos para el éxito:

- Coloca un tarro de ahorros visible en una zona común para recordar y motivar a todos.
- Lleva la cuenta de las contribuciones con una tabla de colores en la nevera.
- Fomenta las contribuciones extra ofreciendo pequeños incentivos divertidos, como elegir la próxima película de la noche de cine familiar.

Diario de gastos

Convirtámonos en detectives financieros durante una semana y registremos adónde va nuestro dinero. Cada uno tendrá un cuaderno para anotar sus gastos, por pequeños que sean. Al final de la semana, tendremos una reunión familiar para compartir nuestros hallazgos. No se trata de señalar con el dedo, sino de comprender nuestras pautas de gasto y pensar en formas de mejorar. Quizá descubramos que esas pequeñas compras de tentempiés se acumulan o encontremos gastos que podemos reducir. Se trata de comprender mejor nuestros hábitos personales de gasto y de pensar en formas de ser más inteligentes con nuestro dinero.

Consejos para el éxito:

- Fomenta la honestidad y la franqueza. No hay que avergonzarse de ningún hábito de gasto. Se trata de aprender.
- Destaca los comportamientos de gasto positivos y sugiere formas de apoyarse mutuamente para tomar mejores decisiones.

Simulación de inversión

¿Listo para jugar a la bolsa sin riesgo? Preparemos un reto de inversión familiar utilizando dinero ficticio. Podemos utilizar un simulador bursátil online o crear uno propio con dinero ficticio y una lista de empresas que nos interesen. Cada miembro de la familia recibe una cantidad determinada para invertir de mentira en las acciones que elija. A lo largo de un mes, sigue el rendimiento de esas inversiones, aprendiendo sobre las subidas y bajadas de la bolsa. Este reto desmitifica la inversión y nos enseña el valor de la investigación y la paciencia a la hora de hacer crecer nuestro dinero.

Consejos para el éxito:

- Utiliza empresas de la vida real con las que todo el mundo esté familiarizado para despertar el interés.
- Programa "reuniones del consejo familiares" semanales para discutir las estrategias de inversión y lo que hemos aprendido sobre el mercado de valores.

Desafío presupuestario

¿Quién puede hacer que su dinero dure más tiempo sin dejar de cubrir todas sus necesidades? Este reto consiste en estirar nuestros dólares y comprender la importancia de presupuestar. Cada miembro de la familia planifica un presupuesto con el dinero que tiene asignado para la semana, incluyendo gastos como snacks, entretenimiento y ahorros. El objetivo es cubrir todas nuestras necesidades evitando quedarnos sin dinero. Es una forma práctica de aprender sobre priorizar los gastos y la satisfacción de tomar decisiones financieras inteligentes.

Consejos para el éxito:

- Proporciona una lista de gastos comunes para ayudar a todos a planificar su presupuesto.
- Fomenta la creatividad para encontrar formas de ahorrar dinero, como comer bocadillos caseros en lugar de comprados en la tienda.
- Comparte consejos y trucos presupuestarios al final del reto para ayudarse mutuamente a mejorar.

Estos retos son peldaños hacia la construcción de hábitos financieros sólidos que nos servirán en el futuro. Además, embarcarse en estas aventuras en familia hace que el viaje sea más agradable y refuerza nuestros lazos mientras trabajamos juntos hacia objetivos comunes. Así que sumerjámonos y añadamos una pizca de diversión a nuestro aprendizaje financiero.

9.3 PROYECTOS CREATIVOS DE AHORRO: ALCANCÍAS DE BRICOLAJE

Ahorrar dinero se convierte en una aventura cuando puedes ver tus progresos. Es como jugar a un videojuego en el que cada moneda ahorrada te acerca más a desbloquear un nuevo nivel o un codiciado objeto. Esta emoción es lo que hace que las ayudas visuales al ahorro sean tan poderosas. Transforman el concepto abstracto del ahorro en algo tangible, algo que puedes ver y sentir. ¿Y qué mejor manera de iniciar este viaje del ahorro visual que con un proyecto de bricolaje?

Visualizar el ahorro

Imagina tus ahorros como una colorida barra de progreso en un juego, llenándose lentamente a medida que te acercas a tu objetivo. Ésta es la magia de las ayudas visuales al ahorro. Dan forma y color a tus objetivos, haciendo que el acto de ahorrar sea más inmediato y gratificante. Cada moneda o billete ahorrado se convierte en un recordatorio visual de tu progreso, manteniendo la motivación alta y el objetivo final a la vista.

Alcancías de bricolaje

Vamos a arremangarnos y a crear nuestras propias alcancías. No necesitas materiales sofisticados. La mayor parte de lo que necesitas probablemente esté por casa.

- **Alcancía de globo y papel maché**: Empieza con un globo como base, y ponle encima en capas tiras de papel de periódico empapadas en una mezcla de cola y agua para crear papel maché. Una vez seco, revienta el globo, pinta el periódico y ya lo tienes: una alcancía hecha a medida. Corta una ranura para el dinero, y tal vez puedas hacer un tapón de corcho o papel maché para el fondo.

- **Alcancía de botella reciclada**: Toma una botella de plástico limpia, córtale una ranura para el dinero y da rienda suelta a tu creatividad con pinturas, pegatinas o purpurina. Es una forma estupenda de reutilizar y reciclar, convirtiendo los residuos en un cofre del tesoro.
- **Marco de shadowbox para ahorros**: Transforma un marco de shadowbox en una alcancía con un propósito. Decora el fondo con tu objetivo de ahorro, como una foto de una bicicleta, una videoconsola o un destino de viaje. Corta una ranura en la parte superior para el dinero. A medida que añadas dinero, podrás ver cómo tus ahorros cubren la foto hasta que desaparezca por completo, proporcionándote un objetivo visual claro.

Personalizar los objetivos de ahorro

Personalizar tus alcancías te conecta más profundamente con tus objetivos de ahorro. Es como ponerle nombre a tu personaje en un juego; hace que el viaje sea más personal. Aquí tienes algunas ideas:

- **Pegatinas de objetivos**: Utiliza pegatinas o dibuja directamente en tu alcancía para representar tu objetivo de ahorro. Si se trata de una bicicleta nueva, ¿qué tal unas pegatinas de bicicletas? Si es un viaje, tal vez algunos iconos de viajes o destinos.
- **Código de colores**: Asigna colores diferentes a objetivos diferentes. Si estás ahorrando para una entrada a un concierto, podrías pintar tu alcancía con los colores del álbum del artista o utilizar el tema del concierto.

- **Medidor de ahorros**: Coloca una pequeña tabla o medidor en tu alcancía donde puedas marcar tu progreso. Mover un clip o rellenar una barra a medida que ahorras puede ser increíblemente satisfactorio.

9.4 NOCHE DE CINE SOBRE EDUCACIÓN FINANCIERA: APRENDER DE LAS PELÍCULAS

Toma palomitas y atenúa las luces: ¡es hora de una noche de cine con un toque especial! Las películas se nos quedan grabadas, y sus historias y personajes perduran mucho después de los créditos. ¿Pero sabías que también pueden enseñarnos valiosas lecciones sobre el manejo del dinero? Desde documentales que develan los misterios de la bolsa, hasta aventuras animadas con lecciones económicas ocultas, las películas pueden ser una forma divertida y eficaz de aumentar tus conocimientos financieros.

Películas educativas sobre finanzas

Las películas y los documentales son herramientas fantásticas para comprender temas complejos como la economía y las finanzas personales. Aquí tienes unas cuantas que las familias pueden disfrutar juntas:

- *El Club Secreto de los Millonarios* (2009): Una serie de dibujos animados en la que Warren Buffett asesora a un grupo de niños para que tomen sabias decisiones financieras y pongan en marcha sus propios negocios. Es a la vez educativa y entretenida, y abarca los principios básicos de la economía y el espíritu empresarial.
- *Money Smart para jóvenes*: Una serie de vídeos desarrollada por la FDIC que ofrece lecciones de educación financiera para distintos grupos de edad, incluidos los niños pequeños. Estos vídeos tratan temas como el ahorro, el

presupuesto y la importancia de tomar decisiones financieras inteligentes.

- *Biz Kid$* (2008): Este programa educativo, ganador de un premio Emmy, enseña a los niños la gestión del dinero y el espíritu empresarial. Cada episodio trata un tema financiero diferente a través de historias reales de jóvenes empresarios y consejos prácticos de expertos.

- *Finanzas 101*: Gestión del dinero para niños (serie de YouTube): Varios canales de YouTube ofrecen series adaptadas para enseñar finanzas a los niños. Estos vídeos pueden ir desde explicar conceptos básicos del dinero, consejos para ahorrar o comprender el valor del dinero, y lecciones introductorias sobre inversión.

- *El Hada de los Dientes* (2010) (PG): Aunque no es estrictamente educativa, esta comedia familiar protagonizada por Dwayne "La Roca" Johnson puede utilizarse para introducir debates sobre el dinero con los niños más pequeños, como el concepto del Hada de los Dientes o el Ratón Pérez y el valor de un dólar.

- *El niño que domó el viento* (2019) (PG): Esta inspiradora película muestra cómo la innovación y la determinación pueden llevar a crear soluciones que den mejoras a las comunidades. Puede utilizarse para debatir el valor de los recursos, la inversión en educación y el desarrollo sostenible.

Ver estas películas puede abrir un mundo de debate sobre los principios financieros, la ética y el impacto de las decisiones económicas en el mundo en general.

Crear un registro de películas

Continúa aprendiendo, creando un registro de películas. Puede ser un simple cuaderno o un documento digital en el que hagas una lista de:

- Las películas que hayan visto juntos.
- Conceptos o lecciones financieras clave que trata cada película.
- Reflexiones personales sobre el mensaje de la película y cómo se aplica a tu situación u objetivos financieros.

Este registro sirve como documento vivo de tu viaje de educación financiera a través de las películas. Es un lugar para reflexionar sobre lo que has aprendido y sobre cómo has crecido en tu comprensión de los asuntos monetarios. Además, puede ser un gran recurso para volver a consultarlo cuando te encuentres con nuevas decisiones o retos financieros.

La magia de las películas reside en su capacidad para enseñar, inspirar y entretener a la vez. Al incorporar películas a tus esfuerzos de educación financiera, no sólo estás aprendiendo sobre el dinero, sino que estás experimentando historias que dan vida a esas lecciones de forma vívida y memorable. Este enfoque de la educación financiera demuestra que aprender sobre el dinero no tiene por qué ser aburrido o desalentador. Con un poco de creatividad, puede ser tan atractivo y agradable como una noche de cine con tus snacks y gente favoritos.

Al concluir nuestra exploración de la educación financiera a través de la diversión y los juegos, recuerda lo más importante: aprender sobre la gestión del dinero puede y debería ser una experiencia divertida. Ya sea a través de juegos de mesa, retos familiares, proyectos creativos o noches de cine, hay innumerables formas de abordar los conceptos financieros fuera de los libros de texto y las aulas. Estas actividades enseñan lecciones valiosas y fomentan el debate, la creatividad y el vínculo entre los miembros de la familia. Así que no dejes de hacer palomitas, sigue rodando los dados, y mantén las conversaciones fluyendo, mientras sigues tu camino hacia la sabiduría financiera. Ahora, pasemos página y descubramos nuevas aventuras en el próximo capítulo, listos para ampliar nuestros conocimientos y sumergirnos más profundamente en el mundo de las finanzas personales.

CAPÍTULO 10
EL ARTE DE NEGOCIAR
TU SUPERPODER FINANCIERO

Imagínate en una venta de garaje. Ves una patineta antigua, de las que has visto en las películas pero nunca de cerca. La etiqueta del precio dice un número mayor que lo que tienes en el bolsillo, pero sientes un tirón en el corazón. Tiene que ser tuya. ¿Y si te dijera que, con un poco de conversación y una pizca de encanto, podrías llevártela por menos de lo que cuesta? Así es, estamos hablando de negociación, una habilidad tan valiosa como cualquier moneda de tu alcancía.

Negociar no es sólo cosa de magnates trajeados. Es una parte cotidiana de la vida, desde decidir quién se queda con el último trozo de pizza de pepperoni hasta convencer a tus padres de por qué te mereces una paga mayor. Cuando se trata de dinero, saber negociar puede ahorrarte unos cuantos dólares y enseñarte lecciones importantes sobre el valor, la comunicación y el compromiso.

Principios básicos de la negociación

La base de toda buena negociación reside en comprender sus principios fundamentales. En esencia, la negociación es una conversación destinada a alcanzar un acuerdo en el que ambas partes se sientan valoradas y satisfechas. Aquí está el truco: no se trata de ganar ni de aventajar a la otra persona. En lugar de eso, se trata de encontrar un terreno común y elaborar un acuerdo que beneficie a todos los implicados. Recuerda, los mejores acuerdos son aquellos en los que todos salen contentos.

Hacer juegos de rol

Una de las mejores formas de perfeccionar tus habilidades negociadoras es a través de los juegos de rol. ¿Por qué no buscas a un amigo o a un familiar y practicas? Podrías simular la compra de un coche, montar un puesto de limonada o incluso negociar qué película ver en la noche familiar. Mediante los juegos de rol, tú:

- Aprendes a pensar con los pies en la tierra.
- Ganas comodidad con el diálogo de ida y vuelta.
- Descubres la importancia de escuchar y de ajustar tu estrategia en función de lo que diga la otra persona.

Tácticas de negociación

Una vez que conoces los principios básicos de la negociación y has practicado un poco, es hora de sumergirte en las tácticas que pueden ayudarte a inclinar la balanza a tu favor:

- **La investigación es tu mejor amiga**: Acude siempre a una negociación bien informado. Conocer el valor de lo que estás negociando puede darte ventaja.

- **Haz preguntas abiertas**: Éstas requieren algo más que una respuesta de sí o no, animando a la otra persona a compartir más información, que puedes utilizar en tu beneficio.
- **Prepárate para abandonar**: A veces, el mejor acuerdo es el que no haces. Si no se siente bien, prepárate para retirarte. Esto demuestra que no estás desesperado, y a menudo hace que la otra parte vuelva a la mesa con una mejor oferta.

Consideraciones éticas

En toda negociación, la integridad es importante. Es fácil dejarse llevar por el momento, tergiversar la verdad o hacer promesas que no puedes cumplir. La cuestión es la siguiente: la honestidad y la transparencia conducen a resultados más justos y construyen tu reputación como alguien digno de confianza. Así que negocia siempre con la ética por delante. Recuerda, un buen acuerdo hoy basado en la deshonestidad puede llevar a la pérdida de oportunidades mañana.

Elemento interactivo: diario de prácticas de negociación

Como siempre, escribir sobre tus experiencias te ayuda a comprender lo que ocurrió y a notar las tendencias que tuvieron éxito y las que no. Utiliza un diario con indicaciones diseñadas para reflexionar sobre tus experiencias de negociación. En cada entrada, detalla:

- El escenario que condujo a las negociaciones.
- Las tácticas que utilizaste y su eficacia.
- Lecciones aprendidas y áreas para mejorar.

Este diario se convierte en un libro de jugadas personal, que te ayuda a perfeccionar tus habilidades de negociación a lo largo del tiempo.

La negociación es como un baile. Se necesitan dos para bailar un tango, y conocer los pasos puede marcar la diferencia entre pisar fuerte y deslizarse con gracia por la pista. Tanto si estás regateando en una venta de garaje, debatiendo sobre las tareas domésticas y las pagas, como si te enfrentas a las grandes decisiones financieras que te plantea la vida, la negociación es un superpoder que merece la pena desarrollar. Te enseña el valor, el respeto y el arte del compromiso. Así que la próxima vez que eches el ojo a esa patineta antigua o a cualquier otro tesoro, recuerda que un poco de negociación puede llegar muy lejos.

10.1 NEGOCIAR LAS PAGAS: GUÍA PARA NIÑOS Y PADRES

Negociar una paga es un baile entre niños y padres, una forma de comprender las perspectivas de cada uno y llegar a un feliz término medio. He aquí cómo conseguir que ambas partes se sientan bien con el acuerdo.

Preparar el escenario

Antes de pensar siquiera en sentarse a discutir las pagas, tanto los padres como los hijos deben hacer los deberes.

- **Padres**: Consideren qué tareas se están haciendo y si creen que su hijo podría asumir responsabilidades adicionales. Reflexionen sobre la finalidad de la paga: ¿es para enseñar a administrar el dinero, para recompensar el trabajo duro, o para ambas cosas?
- **Niños**: Piensen en lo que aportan actualmente al hogar y si podrían hacer más. Además, entiendan por qué quieren o necesitan un aumento. ¿Es para ahorrar para algo concreto, para cubrir más gastos personales o para otra cosa?

Una comprensión clara de estos puntos establece una base sólida para una conversación productiva.

Presentar tu caso

Cuando llega el momento de negociar, presentar tu caso con claridad y confianza marca la diferencia.

- **Prepárate**: Llega a la mesa con una lista de tus tareas actuales, responsabilidades e ideas para tareas adicionales que estés dispuesto a asumir.

- **Conoce tu "por qué"**: Prepárate para explicar por qué pides más dinero. Tanto si se trata de ahorrar para una bicicleta nueva como de querer gestionar más tus propios gastos, tus razones deben ser claras y razonables.
- **Mantén la calma y sé respetuoso**: Aunque la conversación no vaya inmediatamente en tu dirección, mantener la cabeza fría demuestra madurez. Recuerda que se trata de un debate, no de una exigencia.

Llegar a un acuerdo

Encontrar un terreno común es el objetivo. He aquí cómo llegar a un acuerdo que sea justo para todos.

- **Escuchar**: Ambas partes deben estar dispuestas a escucharse. Los padres pueden tener ideas valiosas sobre el presupuesto y el ahorro, mientras que los hijos pueden compartir sus puntos de vista sobre el valor de su trabajo y sus necesidades económicas.
- **Transigir**: Tal vez la cantidad exacta que esperabas no sea factible, pero podría haber margen para transigir. Las tareas adicionales podrían dar lugar a una bonificación, o podría haber otras formas de ganar mediante proyectos especiales.
- **Considera los incrementos**: En lugar de un gran aumento de golpe, sugiere incrementos graduales ligados a la asunción de más responsabilidades. Este enfoque permite crecimiento y adaptación con el tiempo.

Acuerdos escritos

Poner las cosas por escrito aclara las expectativas y los compromisos de ambas partes.

- **Esbocen responsabilidades y recompensas**: Establezcan claramente qué tareas se esperan y cuál será la recompensa. Incluyan cualquier condición, como la calidad del trabajo o los plazos de realización.
- **Incluyan oportunidades de revisión**: Establezcan fechas para revisar el acuerdo. Puede ser cada pocos meses o en función del curso escolar. Es una oportunidad para discutir lo que funciona, lo que no, y si es necesario hacer algún ajuste.
- **Fírmenlo juntos**: Que tanto el padre como el hijo firmen el acuerdo solidifica el compromiso. Es un recordatorio físico de la conversación y de las promesas hechas por ambas partes.

Negociar una paga es algo más que dinero. Es una experiencia de aprendizaje que implica comprender el valor, articular necesidades y deseos y trabajar juntos para encontrar soluciones. Para los niños, es un paso hacia la alfabetización financiera y la independencia, basado en la práctica real de la negociación y el compromiso. Para los padres, es una oportunidad de guiar y apoyar el crecimiento de su hijo, fomentando la responsabilidad y la gestión inteligente del dinero.

10.2 CACERÍA DE OFERTAS: CÓMO CONSEGUIR LOS MEJORES TRATOS

Comprar de forma inteligente no sólo hace feliz a tu billetera. Es como un juego en el que el premio es sacar más partido a tu dinero. Tanto si buscas una joya escondida en un mercado local como si navegas por el vasto océano de las compras por internet, conseguir una buena oferta es como ganar la búsqueda del tesoro. Vamos a develar algunos secretos para convertirte en un comprador experto, asegurándote de que siempre consigues las mejores ofertas.

Investigar los precios

Empieza tu búsqueda de la oferta perfecta haciendo un poco de trabajo detectivesco. Antes de comprometerte a comprar nada, tómate un momento para echar un vistazo. Internet tiene varias herramientas de comparación y sitios web que son lo suficientemente fáciles de usar para los niños y te permiten ver cómo se comparan los precios en diferentes tiendas. Asegúrate de pedir ayuda a un adulto de confianza y ten cuidado con las estafas. A continuación se indican algunas opciones conocidas por su fiabilidad y sencillez.

1. **Google Shopping**: Google Shopping es una herramienta sencilla que permite a los usuarios comparar precios de productos de distintos minoristas. Es fácil de usar y ofrece una amplia gama de productos, lo que la convierte en un punto de partida ideal para los niños bajo supervisión.

2. **ShopSavvy**: ShopSavvy es una aplicación que permite a los usuarios escanear códigos de barras o buscar productos para encontrar los mejores precios en internet y en tiendas. Su sencilla interfaz se puede navegar fácilmente con un poco de orientación, por lo que es adecuada para niños mayores.

3. **Honey**: Honey es una extensión de navegador que encuentra y aplica automáticamente códigos de cupón al pagar, pero también ofrece una herramienta de comparación de precios. Aunque apunta más a ahorrar que a comparar, proporciona gráficos del historial de precios y alertas de bajadas de los mismos, lo que puede ser educativo para que los niños aprendan a calcular el momento ideal para sus compras.

4. **CamelCamelCamel**: Específicamente para los productos de Amazon, CamelCamelCamel ofrece gráficos del historial de precios y alertas de bajadas de los mismos. Es una herramienta web fácil de usar que puede ayudar a los niños a conocer las tendencias de los precios y los mejores momentos para comprar.

5. **PriceGrabber**: PriceGrabber proporciona una plataforma completa para comparar precios de varios productos y minoristas. Es detallada y ofrece amplios filtros de búsqueda que pueden ayudar a enseñar a los niños a tomar decisiones de compra informadas.

Aunque estas herramientas pueden ahorrarte mucho dinero, es importante que uno de tus padres o un adulto de confianza supervise tu uso de estas aplicaciones y sitios web. Nunca hagas compras sin el consentimiento parental y protege siempre tu información personal en internet.

El momento ideal para comprar

El momento oportuno lo es todo, y eso no podría ser más cierto que cuando vas de compras. ¿Te has fijado alguna vez en que los bañadores son una ganga en invierno o en que los adornos navideños prácticamente se regalan en enero? Eso es porque comprar fuera de temporada puede suponer un gran ahorro. Los minoristas tienen que deshacerse del stock viejo para dejar sitio a lo nuevo, lo que significa descuentos para ti. Si puedes esperar un poco para comprar ese nueva patineta o ese abrigo de invierno, calcular bien el momento de la compra puede suponer un gran ahorro.

- Compra artículos fuera de temporada para el año siguiente.
- Estate atento a las rebajas navideñas y a las liquidaciones de fin de temporada.
- Pregunta a tus padres si puedes suscribirte a los boletines informativos de las tiendas para estar al tanto de las próximas rebajas.

Consejos para regatear

Regatear puede parecer de la vieja escuela, pero es un arte que todavía puede ahorrarte mucho dinero, sobre todo en ventas de garaje, mercadillos e incluso en algunas tiendas que están dispuestas a igualar los precios de otras. La clave es ser educado y razonable. A nadie le gusta un regateador insistente. Empieza expresando un verdadero interés por el objeto y pregunta si el precio es negociable. A veces, sólo por preguntar, conseguirás una mejor oferta. Y, si vas a comprar varios artículos, comprueba si hay algún descuento por agruparlos. Recuerda que lo peor que te pueden decir es que no, pero ¿lo mejor? Te irás con un buen trato y una historia que contar.

- Sé siempre educado y respetuoso al regatear.
- Sugiere un precio justo que sea inferior a lo que estás dispuesto a pagar, dándote un margen para llegar a un acuerdo intermedio.
- Si el vendedor no puede bajar el precio, fíjate si puede ofrecer algo extra para endulzar el trato.

10.3 RESOLUCIÓN DE CONFLICTOS: DINERO Y AMISTADES

Cuando el dinero se junta con las amistades, a veces la mezcla puede volverse agridulce. No es raro que las amistades se encuentren en un aprieto a causa de préstamos impagos u opiniones divergentes sobre el gasto conjunto. Pero hay buenas noticias: navegar por estas aguas turbulentas no tiene por qué suponer un desastre para tus relaciones. Con el enfoque adecuado, resolver los desacuerdos financieros puede reforzar los lazos, demostrando que las amistades pueden florecer incluso cuando los asuntos económicos se complican.

Los conflictos de dinero entre amigos suelen surgir de situaciones como que uno de ellos no devuelva un préstamo a tiempo o que discutan por dividir el costo de algo que quieren comprar juntos. Estos momentos, aunque pequeños, pueden poner a prueba el tejido de su amistad. Sin embargo, también ofrecen una oportunidad de crecimiento, enseñando valiosas lecciones sobre empatía, comprensión y la importancia de hablar las cosas.

Hablar de ello es la clave de oro para resolver los desacuerdos financieros. He aquí una verdad sencilla: la mayoría de los conflictos nacen de malentendidos, y una charla tranquila y sincera puede aclarar la confusión. Cuando surja un problema de dinero:

- Empieza la conversación hablando de cómo te sientes, utilizando frases desde el "yo" para evitar culpar a alguien. ("Me siento confundido porque dijiste que me pagarías, pero no lo has hecho").
- Escucha activamente, dando espacio a tu amigo para que comparta su versión de la historia.
- Intenta comprender su punto de vista, aunque no estés totalmente de acuerdo.

Piensa que resolver problemas con amigos es como jugar a un deporte de equipo. La equidad y el compromiso son las claves para que todos ganen. A veces, cuando intentan decidir qué hacer juntos, no todos estarán de acuerdo enseguida. Puede que quieras ir a lo grande, como comprar el regalo más genial y caro para el cumpleaños de un amigo. Pero, ¿y si uno de tus compañeros de equipo no tiene suficiente dinero para contribuir?

En lugar de ceñirte al plan original y dejar a alguien fuera, podrías idear un nuevo plan de juego. Quizá encontrar un regalo que sea igual de estupendo pero que no cueste tanto, o pensar en otras formas en que tu amigo pueda ayudar, como planear un juego sorpresa de cumpleaños o hacer una tarjeta casera. De este modo, cada uno contribuye a su manera y nadie se siente excluido. El juego es divertido y justo para todos, y así es como se gana una verdadera amistad.

Establecer unas expectativas y unos límites claros en torno al dinero desde el principio puede liberar a las amistades de posibles dificultades. He aquí algunas ideas:

- Cuando prestes dinero, acuerda de antemano las condiciones de devolución. Un simple "¿puedes devolverme el dinero a final de mes?" puede establecer unas expectativas claras.

- Para los gastos compartidos, utiliza aplicaciones que controlen y dividan los costes de forma transparente. De este modo, todo el mundo sabe quién debe qué, dejando poco margen a la confusión.
- Mantén conversaciones abiertas sobre las zonas de confort financiero. Comprender los límites de cada uno puede evitar situaciones incómodas en las que alguien se sienta presionado a gastar más de la cuenta.

El dinero no tiene por qué ser una cuña que separe a los amigos. Si se abordan con cuidado, honestidad y una pizca de creatividad, los desacuerdos económicos pueden resolverse de forma que refuercen la confianza y la comprensión. Y recuerda, el verdadero valor de una amistad no se mide en dólares y céntimos, sino en el apoyo, las risas y los recuerdos compartidos a lo largo del camino.

Navegar por asuntos de dinero con los amigos puede testear las aguas, pero no tiene por qué hacer naufragar el barco. Fomentando la comunicación abierta, adoptando la equidad y el compromiso, y estableciendo límites claros, estos retos pueden transformarse en oportunidades de crecimiento. A través de este proceso, aprendemos a gestionar el dinero y la inestimable habilidad de mantener y fortalecer nuestras relaciones. Al pasar al siguiente capítulo, llevamos adelante estas lecciones, dispuestos a explorar nuevas dimensiones de la educación financiera y el crecimiento personal, recordando siempre la importancia de la empatía, el respeto y la comprensión en todos los aspectos de nuestras vidas.

CAPÍTULO 11
EL LIBRO DE JUGADAS DEL MAGO DEL DINERO

En un mundo en el que los puestos de limonada se convierten en tiendas online y las alcancías se vuelven digitales, las mentes jóvenes no sólo participan en el mundo financiero, sino que lo están remodelando. Con una perspectiva fresca, están resolviendo viejos problemas de nuevas formas, demostrando que la edad es sólo un número cuando se trata de innovación. Echemos un vistazo más de cerca a cómo estos jóvenes innovadores están cambiando las cosas y cómo tú también podrías unirte a esta liga de pensadores extraordinarios.

Jóvenes innovadores financieros

Imagina a un adolescente que se ha dado cuenta de que a sus amigos les cuesta ahorrar dinero. En lugar de encogerse de hombros, desarrolla una aplicación que redondea sus compras al dólar más cercano y guarda el cambio en una cuenta de ahorros. O imagina a un grupo de niños que han puesto en marcha un negocio de reciclaje, cambiando latas y botellas por dinero y utilizando los beneficios para financiar proyectos comunitarios. No se trata de escenarios hipotéticos. Son historias reales de niños y adolescentes que identifican huecos y oportunidades en su mundo y aportan soluciones.

- Las aplicaciones de ahorro desarrolladas por adolescentes para sus compañeros se centran en un diseño fácil de usar y en la gamificación para que ahorrar sea divertido.
- Los negocios medioambientales dirigidos por jóvenes convierten la acción ecológica en una oportunidad económica reciclando o elaborando productos ecológicos.

Su éxito radica no sólo en sus ideas, sino en su enfoque. Ven una necesidad, imaginan una forma de satisfacerla y se atreven a intentarlo.

Fomentar la innovación

Quizá te preguntes: "¿cómo puedo empezar a pensar como un innovador?". He aquí algunas estrategias:

- **Mantén la curiosidad**: Haz preguntas sobre cómo funcionan las cosas y por qué. A menudo, la innovación empieza con un simple "¿Y si...?".
- **Observa y escucha**: Presta atención a las conversaciones a tu alrededor, especialmente a las quejas o deseos de "algo mejor". Pueden ser oportunidades de oro para la innovación.
- **Aprende haciendo**: No tengas miedo de experimentar. Tanto si se trata de programar una sencilla aplicación como de poner en marcha un pequeño proyecto, la experiencia práctica tiene un valor incalculable.

Recuerda que todo gran avance comienza con un pequeño paso. La clave está en empezar.

El rol de la mentoría

Detrás de muchos jóvenes innovadores hay un mentor, alguien que ha pasado por lo mismo y está dispuesto a guiarte en el proceso de convertir las ideas en realidad. Encontrar un mentor puede:

- **Aumentar tu confianza**: A veces, el mero hecho de saber que alguien cree en ti puede empujarte a seguir adelante.
- **Proporcionar consejos prácticos**: Desde las habilidades técnicas hasta la forma de afrontar los retos, los mentores pueden ofrecerte ideas que quizá no encuentres en ningún otro sitio.

- **Ampliar tu red**: Los mentores suelen presentarte a otras personas que pueden ayudarte, abriéndote puertas que ni siquiera sabías que existían.

Entonces, ¿cómo encontrar un mentor? Empieza por ponerte en contacto con profesores, amigos de la familia o profesionales de los campos que te interesan. Sé claro sobre lo que esperas conseguir con tu mentor y por qué crees que sería la persona adecuada.

El futuro del dinero: predicciones de mentes jóvenes

En un mundo en el que las alcancías son cada vez más virtuales que reales y las transacciones de dinero pueden realizarse con un rápido toque en una pantalla, está claro que el concepto de dinero está evolucionando ante nuestros ojos. Ahora imagina que le pasáramos la bola de cristal a la generación más joven, los verdaderos nativos digitales. ¿Qué tipo de panorama financiero futuro prevén?

Predicciones de los niños

Cuando escuchamos las predicciones de los niños sobre el futuro del dinero, sus ideas van desde lo increíblemente imaginativo a lo inquietantemente plausible. Algunos imaginan un mundo en el que las criptomonedas sean tan comunes como llegó a serlo el dinero en efectivo, y se utilicen para comprar de todo, desde un viaje en nave espacial hasta un caramelo en la tienda de la esquina. Otros prevén un cambio hacia un sistema más basado en el trueque, aprovechando la tecnología para intercambiar habilidades en lugar de divisas. Imagina una aplicación que te permita cambiar clases de piano por clases de programación. El hilo común de estas predicciones es un movimiento hacia intercambios de valor más personalizados y directos, facilitados por la tecnología.

- Criptodivisas como moneda común
- Resurgimiento de los sistemas de trueque, potenciados por las plataformas tecnológicas

Aprender del pasado

Para apreciar realmente estas visiones de futuro, es útil echar un vistazo a cómo ha cambiado el dinero a lo largo de los siglos. Desde el intercambio de caracoles y sal hasta la introducción del papel moneda y las tarjetas de plástico, cada evolución fue provocada por la necesidad de mayor comodidad y seguridad. Estos cambios históricos nos demuestran que, aunque la forma del dinero cambie, su finalidad principal -facilitar el intercambio- permanece constante. Esta perspectiva histórica ayuda a los niños a comprender que sus predicciones no son sólo sueños fantasiosos, sino que forman parte de una evolución continua.

El impacto de la tecnología

No se puede exagerar el papel de la tecnología en la configuración de nuestros sistemas financieros. Los niños de hoy crecen en una era en la que las billeteras digitales son más comunes que las físicas. Ven el potencial de la tecnología no sólo para cambiar cómo gastamos o ahorramos, sino para hacer que los sistemas financieros sean más inclusivos y accesibles. Por ejemplo, imagina un mundo en el que la tecnología blockchain garantice que todos los niños tengan acceso a una cuenta de ahorros desde su nacimiento, o en el que los asesores de inteligencia artificial ayuden a las personas a tomar decisiones de gasto más inteligentes, igualando las condiciones de la educación financiera.

- Los monederos o billeteras digitales se convierten en la norma

- Blockchain y la IA como herramientas para la inclusión y la alfabetización financieras

Visión creativa

Para aprovechar estas ideas imaginativas, las escuelas y las comunidades organizan cada vez más talleres y concursos que retan a los niños a diseñar sus versiones del futuro de las finanzas. Los niños articulan sus visiones dibujando, escribiendo o incluso construyendo modelos, desde dinero que crece en los árboles hasta cuentas que donan automáticamente un porcentaje a obras benéficas. Estas actividades despiertan la creatividad y dan a los niños un sentido de propiedad sobre su futuro, animándolos a pensar críticamente sobre el papel del dinero en la sociedad y en sus vidas.

- Talleres y concursos para que los niños diseñen el futuro de las finanzas
- Fomentar un sentido de propiedad y el pensamiento crítico sobre el dinero

Al concluir esta exploración del futuro del dinero a través de los ojos de nuestros visionarios más jóvenes, está claro que sus ideas contienen las semillas de la posibilidad. Imaginan un mundo en el que el dinero no sea sólo un medio de transacción, sino una herramienta de capacitación, creatividad y conexión global. Al escuchar sus predicciones y comprender el recorrido histórico del dinero, recordamos que la esencia de las finanzas está siempre evolucionando, moldeada por nuestras necesidades, sueños e innovaciones colectivas. Al pasar página, llevemos adelante esta sensación de posibilidad y apertura al cambio, dispuestos a abrazar lo que nos depare el futuro.

PASAR LA ANTORCHA DE LA SABIDURÍA FINANCIERA

¡Enhorabuena, jóvenes ahorradores y gastadores! Han navegado por los senderos de La guía definitiva para la educación financiera de los niños y han salido con un tesoro de conocimientos sobre el dinero, el ahorro y la inversión. Ahora tienen las herramientas para labrarse un camino hacia la seguridad y el éxito financieros.

Al dejar tu honesta reseña de este libro en Amazon, no sólo estás compartiendo tus pensamientos, sino guiando a futuros aventureros financieros hacia el mapa que te ayudó a descubrir los secretos de la gestión del dinero. Tu reseña es un faro, que ilumina el camino a otros que buscan orientación e inspiración para embarcarse en su propia búsqueda de conocimientos financieros.

Haz clic aquí para compartir tu viaje y dejar tu opinión en Amazon.

Gracias por unirte a nosotros en esta aventura y ayudar a difundir la magia de la educación financiera. Tu contribución es inestimable; juntos, estamos marcando la diferencia, reseña a reseña.

Con gratitud, tus amigos de Money Mentor Publications

CONCLUSIÓN

Bueno, amigos, hemos llegado oficialmente al cofre del tesoro al final de nuestra gran aventura de educación financiera. Desde los humildes comienzos de comprender el todopoderoso dólar (o cualquier otra moneda que te guste) hasta los elevados ideales de ahorrar, gastar sabiamente e invertir como mini magnates. Hemos navegado por las complicadas aguas del crédito, nos hemos sumergido en los dólares digitales del futuro e incluso hemos aprendido a convertir aficiones en dinero frío y duro (o al menos en un goteo constante de moneda digital).

Empezar joven en este viaje te da ventaja y establece unos cimientos sólidos para tu casa financiera (para la que ahora estás más preparado para ahorrar). Los hábitos que has empezado a formar, los conocimientos que has absorbido como una esponja y la actitud que has desarrollado hacia el dinero son más valiosos que el contenido de cualquier alcancía. Son las llaves de un reino donde rige tu bienestar financiero.

Repasemos juntos las pepitas de oro que hemos desenterrado:

- Ahorra como una ardilla que guarda nueces para el invierno.
- Gasta con el juicio de un sabio, no como un niño en una tienda de caramelos.
- Invierte con la curiosidad de un gato pero la cautela de una tortuga.
- Entiende el crédito como si tu capa de superhéroe dependiera de ello.
- Abraza la economía global como si estuvieras dando al mundo un abrazo de oso gigante.

Y, en el espíritu de romper moldes, recuerda que la creatividad y la innovación en la gestión de tu dinero pueden conducir a algunas victorias financieras épicas. No tengas miedo de dar rienda suelta al mago financiero que llevas dentro, aprovecha la tecnología para hacer que tu dinero trabaje de forma más inteligente, no más dura, y explora el campo empresarial con gusto.

Esto no es el final, mis jóvenes aprendices. No es más que el principio de una búsqueda permanente de conocimientos financieros. El mundo de las finanzas es tan vasto y cambiante como el océano, con nuevos conceptos que explorar, tecnologías que aprovechar y estrategias que dominar. Mantén viva esa curiosidad y nunca dejes de buscar el conocimiento y la aventura en las finanzas personales.

Ahora, te reto a que pases a la acción. Empieza poco a poco, sueña a lo grande y celebra cada victoria en el camino. Ya sea establecer tu primer presupuesto, abrir una cuenta de ahorros o invertir en tus primeras acciones, cada paso adelante es un paso hacia tu independencia financiera.

No te guardes para ti toda esta sabiduría recién descubierta. Comparte la riqueza (de conocimientos) con tu familia, amigos e incluso con tu fiel mascota (oye, puede que disfruten con el sonido de tu voz). Enseñar y debatir estos temas refuerza tu aprendizaje y puede inspirar a los que te rodean a iniciar su propio viaje de alfabetización financiera.

Me quito el sombrero ante ti por embarcarte en esta aventura. Tu dedicación a navegar por las, a veces, agitadas y, otras veces, estimulantes aguas de las finanzas personales es nada menos que heroica. Mientras navegas hacia el futuro, recuerda que tu potencial para tomar decisiones sabias y alcanzar el éxito financiero es tan ilimitado como el mar. Imagina un futuro en el que seas el capitán de tu destino financiero, dirigiéndote hacia tus sueños con confianza y habilidad.

Por ustedes, futuros campeones financieros. Que sus billeteras sean pesadas, sus corazones ligeros y su viaje rico en aprendizaje y crecimiento. ¡Adelante y hacia arriba!

REFERENCIAS

1. (s.f.). Investing basics for kids: How to teach children to save and invest. Extraído de https://www.bankrate.com/investing/how-to-teach-kids-about-investing/

2. Big Life Journal. (s.f.). 7 Fun Goal-Setting Activities for Children. Extraído de https://biglifejournal.com/blogs/blog/5-fun-goal-setting-activities-children

3. Britannica Kids. (s.f.). Sustainability - Kids | Britannica Kids | Homework Help. Extraído de https://kids.britannica.com/kids/article/sustainability/631786

4. Business Insider. (Febrero de 2024). Best Investment Apps for Beginners in February 2024. Extraído de https://www.businessinsider.com/personal-finance/best-investment-apps-for-beginners

5. Campbellsville University Online. (s.f.). Benefits of Financial Literacy for Kids. Extraído de https://online.campbellsville.edu/education/financial-literacy-for-kids/

6. Carosa, C. (22 de Mayo de 2021). True Stories Of Children Saving Successfully. Forbes. Extraído de https://www.forbes.com/sites/chriscarosa/2021/05/22/true-stories-of-children-saving-successfully/

7. Clear, J. (s.f.). The Marshmallow Experiment and the Power of Delayed Gratification. Extraído de https://jamesclear.com/delayed-gratification

8. CNN Money. (28 de Abril de 2015). Meet the 17-year-old investor who tripled his money. Extraído de https://money.cnn.com/2015/04/28/investing/millennial-investor-17-year-old-brandon-fleisher/

9. Cool Crafts. (s.f.). 40 Cool DIY Piggy Banks For Kids & Adults. Extraído de https://www.coolcrafts.com/cool-diy-piggy-banks/

10. Credit Canada. (s.f.). How Financial Technology is Changing the Way Kids Learn About Money. Extraído de https://www.creditcanada.com/blog/how-financial-technology-is-changing-the-way-kids-learn-about-money

11. DebtConsolidationUSA. (s.f.). 6 Movies With Great Money Lessons For Kids. Extraído de https://www.debtconsolidationusa.com/personal-finance/6-movies-great-money-lessons-kids.html

12. Ducksters. (s.f.). Money and Finance: History of Money. Extraído de https://www.ducksters.com/money/history_of_money.php

13. ElementaryEdu. (2022, Julio). How to Teach The Difference Between Wants and Needs (11 Strategies). Extraído de https://elementaryedu.com/2022/07/the-difference-between-wants-and-needs.html

14. Freedomsprout. (s.f.). 53 Board Games to Teach Your Kids About Money (At Every Age). Extraído de https://freedomsprout.com/money-board-games/

15. GoHenry. (s.f.). 18 Fun Money Activities for Kids. Extraído de https://www.gohenry.com/us/blog/financial-education/18-fun-money-activities-for-kids

16. GoHenry. (s.f.). Should you get a prepaid card for your kids? (pros + cons). Extraído de https://www.gohenry.com/us/blog/financial-education/should-you-get-a-prepaid-card-for-your-kids

17. GoHenry. (s.f.). Teaching kids about credit in simple terms. Extraído de https://www.gohenry.com/us/blog/financial-education/teaching-kids-about-credit-in-simple-terms

18. GoHenry. (s.f.). The 8 best budgeting & money apps for kids & teens. Extraído de https://www.gohenry.com/uk/blog/financial-education/the-best-budgeting-apps-for-families

19. GoHenry. (s.f.). Teaching Your Child To Recognize and Avoid Internet Scams. Extraído de https://www.gohenry.com/us/blog/online-safety/teaching-your-child-to-recognize-and-avoid-internet-scams

20. Good Housekeeping. (Noviembre de 2002). Money Lessons for Kids. Extraído de https://www.goodhousekeeping.com/life/money/advice/a12132/money-lessons-kids-nov02/

21. Investopedia. (s.f.). 10 Successful Young Entrepreneurs. Extraído de https://www.investopedia.com/10-successful-young-entrepreneurs-4773310

22. Investopedia. (s.f.). How to Teach Your Child About Cryptocurrency. Extraído de https://www.investopedia.com/how-to-teach-your-child-about-cryptocurrency-5224013

23. Investopedia. (s.f.). How to Teach Your Child About Investing. Extraído de https://www.investopedia.com/articles/pf/07/childinvestor.asp

24. Kiplinger. (s.f.). My 10 Best Financial Literacy Apps for Kids. Extraído de https://www.kiplinger.com/article/saving/t065-c032-s014-my-10-best-financial-literacy-apps-for-kids.html

25. LinkedIn. (s.f.). Negotiation Training Games: Fun and Effective Ways to Improve Your Skills. Extraído de https://www.linkedin.com/pulse/negotiation-training-games-fun-effective-ways-improve

26. Money Geek. (s.f.). Money Foundations for Kids: Compound Interest. Extraído de https://www.moneygeek.com/financial-planning/compound-interest-for-kids/

27. MoneySupermarket.com. (s.f.). How to teach kids to be ethical consumers as adults. Extraído de https://www.moneysupermarket.com/news/how-to-teach-kids-to-be-ethical-consumers-as-adults

28. MyDoh. (s.f.). How to Help Kids and Teens Avoid Impulse Buying. Extraído de https://www.mydoh.ca/learn/blog/lifestyle/how-to-help-kids-and-teens-avoid-impulse-buying/

29. MyDoh. (s.f.). How to Teach Your Kids Negotiation Skills. Extraído de https://www.mydoh.ca/learn/blog/lifestyle/how-to-teach-your-kids-negotiation-skills/

30. MyDoh. (s.f.). 10 Money Mistakes Teens Make and How to Avoid Them. Extraído de https://www.mydoh.ca/learn/blog/banking/10-money-mistakes-teens-make-and-how-to-avoid-them/

31. Partner Colorado Credit Union. (s.f.). How to Start a Financial Journal. Extraído de https://www.partnercoloradocu.org/resources/financial-education/savings/how-to-start-a-financial-journal

32. Pon Harvard Edu. (s.f.). Ethics and Negotiation: 5 Principles of Negotiation to Boost Your Bargaining Skills in Your Personal and Professional Life. Extraído de https://www.pon.harvard.edu/daily/negotiation-training-daily/questions-of-ethics-in-negotiation/

33. QinPrinting. (s.f.). How to Design an Educational Board Game. Extraído de https://www.qinprinting.com/blog/how-to-design-an-educational-board-game/

34. Quicken. (s.f.). 12 Fun Summer Money Challenges for Kids. Extraído de https://www.quicken.com/blog/challenges-for-kids/

35. Ramsey Solutions. (s.f.). 15 Ways to Teach Kids About Money. Extraído de https://www.ramseysolutions.com/relationships/how-to-teach-kids-about-money

36. Savvy Sparrow. (s.f.). 75 Rewards for Kids (and How to Make Rewards Work). Extraído de https://thesavvysparrow.com/rewards-for-kids/

37. The Balance Money. (s.f.). Budgeting for Kids: How To Teach It and Why It Matters. Extraído de https://www.thebalancemoney.com/teach-kids-to-budget-money-454012

38. Ameriprise Financial. (s.f.). Financial literacy for kids: Teaching kids about money. Extraído de https://www.ameriprise.com/financial-goals-priorities/family-estate/6-simple-ways-to-raise-financially-savvy-kids

39. Bankaroo. (s.f.). 8 Tips for Keeping Your Kids Safe When Banking or Shopping Online. Extraído de https://bankaroo.com/8-tips-for-keeping-your-kids-safe-when-banking-or-shopping-online/

40. Forbes Advisor. (s.f.). How To Open A Savings Account For A Child. Extraído de https://www.forbes.com/advisor/banking/savings/guide-to-childrens-and-kids-savings-accounts/

41. ClassTechTips. (3 de Mayo de 2023). How to Teach Sustainable Investing to Kids. Extraído de https://classtechtips.com/2023/05/03/what-is-sustainable-investing/

SOLUCIONES

CAPITULO 1

Across:

1. La importancia, valía o la utilidad de algo.

2. Usar tu dinero para intentar ganar más dinero comprando cosas que podrían aumentar de valor.

3. Pedir dinero prestado para comprar algo ahora y pagarlo después.

4. Contarle a la gente sobre productos o servicios para tratar de vendérselos.

5. El tipo de dinero que se usa en un país.

6. Planear cómo gastar tu dinero.

7. Dinero extra que pagas cuando pides dinero prestado o dinero extra que recibes cuando ahorras dinero.

Down:

1. Intercambiar una cosa por otra

2. Dinero que guardas, usualmente en un banco, para usarlo más adelante.

3. El dinero que ganas cuando vendes algo por más de lo que te costó.

4. Cantidad de algo que está disponible para comprar.

5. Alguien que empieza su propio negocio.

6. La riqueza y los recursos de un país o región, especialmente en términos de la producción y venta de bienes y servicios.

CAPITULO 2

E	N	P	H	A	K	A	R	L	T	M	T	E	I	V	F	S	U
T	X	D	R	J	A	C	E	P	T	B	E	S	V	S	J	O	P
D	F	P	N	E	Z	G	C	M	A	I	N	T	E	R	E	S	C
E	Z	Q	P	Y	S	U	O	B	B	C	N	W	A	X	N	C	O
S	A	M	V	H	K	U	M	C	L	N	I	K	K	S	Z	U	M
A	H	O	R	R	O	S	P	Z	A	A	F	E	C	R	D	E	P
F	A	Z	U	L	F	V	E	U	D	P	M	P	N	E	B	N	U
I	T	L	W	W	D	D	N	T	E	G	Y	M	B	C	B	T	E
O	A	X	C	K	S	T	S	N	V	S	V	A	K	I	I	A	S
Z	L	U	M	A	Q	Q	A	Y	I	W	T	C	N	C	J	A	T
E	V	B	E	X	N	B	S	V	S	E	J	O	S	L	J	Y	O
I	I	M	W	O	H	C	B	F	I	Z	J	P	K	A	P	F	R
O	C	Y	U	S	E	U	I	N	O	Y	U	D	V	J	D	P	L
Q	K	P	S	C	T	L	U	A	N	Y	G	C	L	E	N	N	N
W	C	I	P	R	D	B	H	X	L	S	P	H	Z	K	E	E	L
V	I	J	C	U	V	J	G	M	A	D	I	G	I	T	A	L	P
F	Z	U	G	N	Y	G	J	Q	C	Z	S	P	D	G	R	S	T
R	I	C	H	A	X	F	B	F	X	M	U	N	I	R	R	O	D

ALCANCÍA	INTERÉS	AHORROS
DESAFÍO	RECICLAJE	CUENTA
PRESUPUESTO	DIGITAL	RECOMPENSA
PACIENCIA	METAS	
TABLA DE VISIÓN	COMPUESTO	

CAPITULO 3

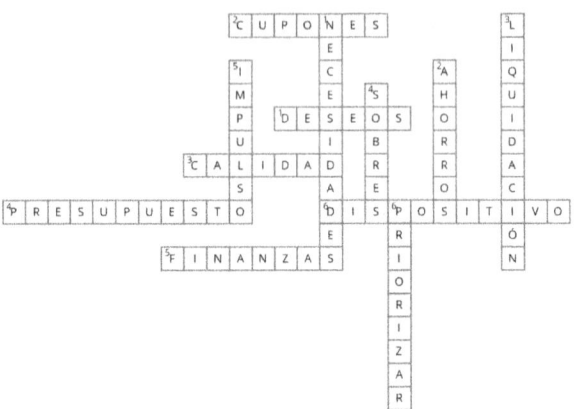

Across:

1. Todas las cosas divertidas adicionales que te gustan, como juguetes, juegos o golosinas, pero que realmente no necesitas para vivir.

2. Tickets especiales que te permiten comprar cosas por menos dinero, como conseguir un dólar de descuento en tu helado favorito.

3. Lo bueno o resistente que es algo. A veces, gastar más en algo que dura más es más inteligente que comprar la opción más barata.

4. Es como un plan para gastar tu mesada o el dinero de tu cumpleaños para que puedas comprar cosas que necesitas, ahorrar algo y seguir divirtiéndote.

5. Planificación y tácticas utilizadas para gestionar los recursos financieros de manera eficaz.

6. Una pequeña herramienta o dispositivo genial, a menudo algo nuevo y divertido, como un smartphone o una consola de videojuegos.

Down:

1. Las cosas que debes tener cubiertas para vivir y estar seguro, como comida, un lugar donde vivir y ropa (pero no de lujo).

2. Dinero reservado para uso futuro o emergencias.

3. Cuando las tiendas bajan los precios de los artículos durante un tiempo, para que puedas conseguir las cosas que necesitas o quieres por menos dinero.

4. Un método para dividir el dinero en efectivo en categorías para gastar y ahorrar.

5. Comprar algo de repente sin pensarlo bien, como agarrar un chocolate mientras esperas en la cola de la tienda.

6. La acción de organizar o tratar algo según su importancia.

CAPITULO 6

```
K Z K R M S N L X M S N M I N X R U W O W I O S
T D R I I S O G M Y F J P H Q Z T U P Z O I C N
P O X Y A A W Y R N Z J F R L Q C C C O Q F I B
T W T B Z P W U O P Z C N K G X K O J N X A Y A
H F V D J G J C G G Z J R C V A Y O I Q H Y F B
B X Z J F O P X F J O N F I X P W O H C B E R D
T I H P B M G W A K S Z C I P S C T K B U W D Q
Z G E X N M Q A H O R R O S N T F C H T R A Y V
C B H K R V Q N A I E A N X I A O N T O U T J Y
T U V L V X K N W F S Q T B P L N M G Z H V K I
R H D J M H J P H Q E N R Y B N U Z O S D N P K
B A I Y G B V K T T G H A A Q T C P A N N J T F
X V A D V A Z E U A U X S L L L T I F S E P F C
C P M T R M B D E V R T E Q A G C L E D I D T S
N Z T L E D U C A C I O N F I N A N C I E R A U
L Y J C J P G D B F D Y A W E V O P V G L O I S
V C A Y S I O Z D Y A B S R H I N X P I H E R C
T I E S Y S V M P D D N E T C F O E S T V G Q I
B U D F Y H K P X A W F W A K E U U E A F Q K K
P Q B R K I Y U G D S N C K A A K T G L K G L G
A C M B A N C A E N L I N E A Y Q F T X G A Z Z
T G S V N G M V A X L Y B F D G V B Y A S Z P P
R A A N V T U R W P J L U V A Y O E W H Q H W O
J K S D N R T C A Z C Y P D B U V J V H H F O T
```

DIGITAL   FINANZAS   SEGURIDAD
AHORROS   BLOCKCHAIN   BANCA EN LINEA
CRIPTOMONEDAS   CONTRASEÑAS   BITCOIN
TRANSFERENCIAS   PISHING
EDUCACIÓN FINANCIERA   APLICACIONES

www.ingramcontent.com/pod-product-compliance
Lightning Source LLC
Chambersburg PA
CBHW071746120626
46550CB00002B/684